A ARTE DE VIVER DIAS MELHORES

NEAL ALLEN

A ARTE DE VIVER DIAS MELHORES

Uma Jornada Interior de Autoconhecimento e Crescimento Pessoal por Meio do Controle do seu Crítico Interior

Tradução
Euclides Luiz Calloni

Editora Cultrix
SÃO PAULO

Título do original: *Better Days*.

Publicado originalmente em 2023 por Namaste Publishing.
Direitos de tradução adquiridos através da Waterside Productions, Inc em conjunto com Agência Riff Ltda.

1ª edição 2025.

Editor: Adilson Silva Ramachandra
Gerente editorial: Roseli de S. Ferraz
Preparação de originais: Ana Lúcia Gonçalves
Gerente de produção editorial: Indiara Faria Kayo
Editoração eletrônica: Cauê Veroneze Rosa
Revisão: Luciane Gomide

Dados Internacionais de Catalogação na Publicação (CIP)
(Câmara Brasileira do Livro, SP, Brasil)

Allen, Neal
A arte de viver dias melhores : uma jornada interior de autoconhecimento e crescimento pessoal por meio do controle do seu crítico interior / Neal Allen ; tradução Euclides Luiz Calloni. -- 1. ed. -- São Paulo : Editora Cultrix, 2025.
Título original: Better days
ISBN 978-65-5736-355-3
1. Autoconhecimento 2. Controle (Psicologia) 3. Desenvolvimento pessoal 4. Superego I. Título.

24-240991 CDD-154.22

Índices para catálogo sistemático:

1. Superego e condição humana : Psicologia 154.22
Cibele Maria Dias - Bibliotecária - CRB-8/9427

Direitos de tradução para o Brasil adquiridos com exclusividade pela EDITORA PENSAMENTO-CULTRIX LTDA., que se reserva a propriedade literária desta tradução.
Rua Dr. Mário Vicente, 368 — 04270-000 — São Paulo, SP – Fone: (11) 2066-9000
http://www.editoracultrix.com.br
E-mail: atendimento@editoracultrix.com.br
Foi feito o depósito legal.

para Annie

SUMÁRIO

PREFÁCIO

Neal Allen expôs suas reflexões sobre a submissão do crítico interno em nosso terceiro encontro, sete anos atrás. Como eu era grande admiradora da sua mente, do seu humor e do seu nariz e já havia decidido que poderia passar o resto da minha vida conversando com ele sobre espírito, alma, consciência, JonBenét Ramsey e filmes, cedi a esses atrativos. O crítico interno é um assunto sobre o qual eu havia escrito extensamente (às vezes, como KFKD[1] *radio*) e discutido em terapia durante décadas – aquela voz depreciativa dentro de mim que me fazia sentir pequena e medrosa. O que ele poderia acrescentar ao meu vasto e erudito conhecimento? Mesmo assim, pouco o interrompi. Eu não conseguia me conter: além de tudo, suas mãos também eram muito atraentes.

1. Trata-se de uma estação de rádio inventada e citada por Anny Lamott em seu livro *Bird by Bird* para, de forma irreverente, nos falar das vozes internas e irreais de crítica que surgem na cabeça dos escritores quando se dispõem a escrever. De acordo com ela, a mais perigosa dessas vozes é a da inveja. (N. da P.)

Admito que havia um pequeno detalhe em que minha compreensão talvez apresentasse uma lacuna: ao longo de todos os meus estudos sobre essa voz irritante, nem sequer uma vez ela havia desaparecido ou mesmo silenciado. Então era isso. Ela gostava de me acompanhar aonde quer que eu fosse, sempre comentando sobre os perigos à espreita em toda parte, até na igreja, e sussurrando como me via como uma decepção. Ela era tão onipresente que eu mal a percebia como um fenômeno, o que Neal me descreveu naquele dia como um parasita. Eu não a considerava um ser separado tentando manter meu precioso pequeno eu sob seu controle, interminavelmente, em todas as minhas atividades. Como a maioria das pessoas, eu pensava que ela fazia parte de mim. Ela-eu tinha opiniões sobre minha escrita, sobre como meu traseiro ficava com minhas calças novas, sobre como dobro os lençóis de elástico. Ela dizia: "Não faça isso, você vai bagunçar tudo" ou "Faça isso melhor ou todos verão que você é uma fraude" ou "Não faça nada, você não sabe o que está fazendo". Felizmente para mim, ela tinha todas as respostas. Ela abafou a Siri (assistente digital), que gentilmente me dizia quantos metros faltavam até a próxima esquina, emitindo alertas vermelhos sobre possíveis bueiros abertos, ladrões de carros ou um AVC iminente. Ela sempre me lembrava como ajudara a me manter viva quando eu era jovem, fazendo-me parar no meio-fio sem correr para a rua, ficar na água rasa, fazer com que os rapazes me valorizassem sem precisar brilhar ou que as moças me apreciassem por ser uma ajudante gordinha perfeita.

Mas isso foi sessenta anos atrás. Agora eu era muito boa em segurança no trânsito e na água, e, embora deteste me gabar, também em dobrar lençóis de elástico. Na maioria das vezes, tomei consciência do meu crítico interno (finalmente) ao bajular as pessoas para garantir meu valor e inclusão. Bem, "maioria" talvez seja uma palavra muito forte. Digamos "às vezes" ou "de vez em quando".

Então aqui estava Neal com sua mente brilhante e nariz fofo dividindo comigo suas impressões sobre como podemos aprender a acalmar essa voz às vezes vergonhosa, às vezes sedutora, que me diz que preciso melhorar ou não tentar nada novo em que possa falhar, e que de fato quase certamente falharei. Eu ouvia exatamente como no meu primeiro encontro eu fora seduzida por seu trabalho corporal interior que se tornou seu livro um pouco mais incensado, digamos, *Shapes of Truth*. Encontros com tipos espirituais podem produzir efeitos alucinógenos.

Orientada por Neal, finalmente fiz contato direto com meu crítico interno. Sempre pensei que era eu o tempo todo, o velho eu neurótico prejudicado, sempre apagado na melhor das hipóteses, presunçoso na pior, jogando-me na espiral da vergonha quando uma colega, amiga ou parente expressava algo menos do que adoração e respeito. Mas Neal me esclareceu a natureza parasitária desse crítico, uma voz soturna da infância injetada pela cultura para me socializar, ensinar as regras e me lembrar de que sou um verme num mar de peixes famintos. Não importava quem estivesse hospedando o parasita – eu, você, Neal, Bill Clinton –, ele dizia as mesmas coisas a todos: se não seguissem suas regras, estariam condenados e em constante perigo de ser feridos ou espezinhados. Ele dizia que eu não devia confiar em ninguém, a não ser nele, é claro. Ele dizia que eu não era boa o suficiente, que era uma farsa, que precisava trabalhar muito para ser amada. E, desde o dia em que entrou na minha vida, quando eu tinha seis ou sete anos, nunca deixou de me dizer isso. Nem mesmo quando eu tinha dez, vinte ou cinquenta anos. Ou mesmo agora, na minha idade avançada. Ele me previne do perigo a que estou exposta pouco antes de subir ao palco ou quando abro as portas para minha família por ocasião de grandes jantares em feriados. No supermercado, ele faz o possível para que todos os que estão na fila, além do caixa, me considerem maravilhosa. Ele me diz para usar minha energia para fazer com que outras pessoas se sintam em dívida por meus atos de generosidade e martírio: se um bom número de pessoas se sentirem em dívida comigo pelo grande esforço que faço para que me amem e precisem de mim, eu tenho valor. Pelo menos por um breve período de tempo. Ele é uma espécie de moeda tóxica. Ele me diz para ficar em casa, na minha rua ou num porto seguro, e sempre, sempre, continuar insignificante e alerta.

Suas mensagens são exatamente o oposto de tudo pelo que tenho trabalhado durante décadas, o despertar para a presença e a consciência amorosa, meu sagrado direito inato de viver uma bela e prazerosa vida.

Por meio das orientações de Neal, não só conheci o ator medíocre que me acompanha, mas também aprendi a identificar sua voz quando ele inicia suas detestáveis atividades. Aprendi a me dirigir a ele, com gentileza, "Ih, é só você de novo", e então prosseguir com meu trabalho terreno e espiritual de me tornar eu mesma, de me livrar de todas as falsas identidades que ele me ensinou para apresentar ao mundo, de respirar mais livremente e de amar com menos medo.

Nosso amigo Duncan Trussell diz que, quando encontramos o crítico interno pela primeira vez, conhecemos nosso guarda-costas. *A Arte de Viver Dias Melhores* gira em torno da liberação do guarda-costas – a criatura que molda a nossa casca externa reluzente aceita pela sociedade – para que encontre outras atividades além de monitorar, assustar e rebaixar nosso eu verdadeiro, rebelde, vulnerável e amoroso. Talvez você lhe atribua a tarefa de cuidar do seu lixo empilhado no depósito, mas, a menos que ainda tenha seis ou sete anos, você provavelmente não precisará da sua disponibilidade prestativa. Você pode tomar decisões muito boas por si mesmo, sem os conselhos encardidos de um rabugento ameaçador. Talvez você possa confinar seu crítico interno no porta-malas do seu carro, onde ele poderá garantir que ninguém furte sua esteira de praia, sua capa e o rádio de emergência com manivela que você recebeu por se inscrever na Rede Pública de Rádio. Mas você? Você que se norteia pela bondade, e não pela desconfiança? Você é livre para ignorar o olhar e a voz desdenhosos desse crítico, para evitá-lo como evita seu amuado tio Ed nas refeições do fim de semana, e assim entrar em sintonia com o que é verdadeiro e talvez até adorável, como sua doce prima Jill e sua famosa torta de cereja.

Você é livre para dar um passeio, não obstante a voz insistir que você deve reler aquela proposta de novo. Você é livre para andar por aí e matutar sobre a beleza desta terra, sobre seus vizinhos e as nuvens, em vez dos números da balança do banheiro, da sua conta-corrente ou das últimas pesquisas. Você é livre para perceber que pode viver sua vida a partir de um estado de satisfação e gratidão, em vez de ansiedade, contenções e restrições. Você é livre para amar o mundo como ele é, para não se deixar obcecar pelo que há de errado com tudo e pelo modo como você provavelmente causou boa parte disso, mas, de qualquer modo, precisa definitivamente consertar; livre para viver esta vida preciosa movido por um estado de consciência e confiança. Você é livre para ser santo à sua maneira, conhecendo pessoas com amor e curiosidade, não com pena ou medo.

A Arte de Viver Dias Melhores vai ajudá-lo a conhecer seu crítico interno e a conter sua tagarelice e, assim, a conhecer a pessoa que você nasceu para ser. Em vez de acreditar no que o ego lhe diz – que o seu grande benefício é o seu eu único e superior, uma ideia que o manteve separado da vida, de si mesmo, dos outros e de Deus –, você conhecerá o ser de bondade, de intimidade e de comunidade. Nenhum outro sistema desestruturou com tanta eficiência meu permanente estado de isolamento quanto o trabalho que você está prestes a conhecer e que, ao mesmo tempo, foi muito almejado e até divertido. E embora ouça meu crítico sussurrar que eu deveria fazer mais um ou dois rascunhos desta introdução, estou lhe replicando com toda gentileza: "Ó, é você de novo", enquanto amarro melhor o cadarço dos meus sapatos e saio para o sol de uma nova manhã.

Anne Lamott
Fairfax, Califórnia

"De acordo com a tradição budista, o caminho espiritual é o processo de resolver as nossas confusões, de manifestar o estado desperto da mente. Quando esse estado está tomado pelo ego e pela paranoia que o acompanha, ele assume o caráter de um instinto encoberto. Assim, não se trata de expandir o estado desperto da mente, mas sim de dissolver as confusões que o embaraçam."

Chögyam Trungpa,
Além do Materialismo Espiritual[2]

2. Publicado pela Editora Cultrix, São Paulo, 1987 (fora de catálogo).

UM

OLÁ, PARASITA

Um parasita sussurra ao meu ouvido, fazendo comentários contínuos e me importunando com pregações sem fim. Grudado no meu crânio, ele atravessa meus ouvidos e penetra a minha mente. Acima de tudo, ele é resmungão e alarmista, mas, de vez em quando, esse sanguessuga me insulta: "Fraude". "Idiota". "Perdedor". Raramente o percebo, então penso que não está por perto. Mas, deixado por conta, as mensagens chegam o tempo todo, prejudicando minha psique dia após dia.

Minha esposa chama o dela de Governanta. O meu é o Diabinho. Você também tem um. Todo mundo tem. É o seu crítico interno.

Se você levanta confiante e animado para o novo dia, ao meio-dia ele terá reduzido sua autoestima a zero. Ele o previne de todas as suas possíveis mancadas - as da próxima semana e a que ocorrerá em dez segundos. Ele o faz sentir-se péssimo, ou desvalorizado, ou indesejado, ou fracassado. É o seu desmancha-prazeres pessoal, incansável e persistente.

Se você está um pouco frustrado em sua busca inconstante de satisfação, de tranquilidade ou de amor inabalável, siga-me. O caminho para o nirvana pessoal passa pelo seu crítico interno. Não é você; é o seu parasita pessoal que o atormenta com pensamentos ruins, que o pressiona a ter uma atuação perfeita ou então nada, que caçoa dos seus erros, o separa de sua família e o mantém implacavelmente indeciso com relação a si mesmo.

Freud descobriu esse parasita há mais de 100 anos[3]. Seu nome científico é "superego". Você tem um ligado a você, eu tenho um, todos temos um. Freud acreditava que ele era necessário para o desenvolvimento humano e que seu propósito era controlar nossos impulsos e nos "manter na linha", social e eticamente. Outro nome para ele é "consciência", que parece bom e útil. É um depósito reduzido de regras e convenções sociais, personalizado para você. Freud não o teria chamado de parasita: ele acreditava que isso a que atribuo tal nome estava totalmente inserido numa personalidade humana tripartida,

3. As duas obras-primas de Freud sobre o *id*, o superego e sua relação com a vida civilizada são *The Ego and the Id* (*O Ego e o Id*) - tradução inglesa de James Strachey, 1960 - e *Civilization and Its Disconents* (*O Mal-Estar na Civilização*) - Strachey, 1961. A síntese em *O Ego e o Id* sobre a ansiedade e sua dependência absoluta da carranca dos pais é surpreendentemente atual.

instalado como parte do eu nuclear. Ele dizia que o superego é você, tanto quanto seus impulsos de sobrevivência e libido - seus instintos - são você.

Desculpe, mas devo discordar. Eu conheço meu superego parasita. Ele é uma construção, um fac-símile de uma pessoa, com personalidade própria e distinta. Ele não está dentro de mim. Ele paira fora de mim, um bisbilhoteiro. É um humanoide. Eu converso com ele. Ele é tão incorporado e presente quanto o amigo imaginário de uma criança de quatro anos.

O parasita e sua boca suja são a má notícia. A boa notícia é que consegui submeter o meu e você também pode imobilizar o seu. É bastante simples. Se você almeja uma vida de liberdade, paz de espírito e satisfação, posso lhe mostrar como alcançar esse objetivo.

DOIS

PRIMEIRO ANO: PARAÍSO PERDIDO

Jade se arrastava ao voltar para casa numa sexta-feira, no início de setembro. Depois de três dias no primeiro ano, sua cabeça girava. Onde estavam os centros de aprendizagem e diversão do seu jardim de infância? Por que não havia tapete no meio da sala? O que era isso de ficar sentada numa cadeira quarenta e cinco minutos sem se mexer?

Durante os primeiros cinco anos de vida, Jade esteve imersa num mundo infantil relativamente integrado. Num momento, estava deitada na grama; em outro, brincando de casinha com o irmão; no seguinte, imitando as vozes de animais; depois, entrando para um lanche, e assim por diante. As coisas apareciam, começavam, terminavam, apareciam, começavam, terminavam, repetida, inexplicavelmente. Havia poucas regras. "Não" era uma palavra que aparecia na vida da menina de forma mais episódica do que num padrão reconhecível, mesmo que seus pais pensassem o contrário. A ética era desconhecida. A falta de preocupação com os valores ou com o certo e o errado funcionou porque Jade, como a maioria das crianças, estava orientada para o bem, e em geral os pais são protetores. Quando lhe diziam que ela havia feito algo ruim, sua primeira reação era quase sempre de surpresa: "O que é que eu fiz?".

Mesmo como pais, em nossas relações com os filhos talvez não percebamos como as crianças são inocentes e como carecem de reconhecimento de padrões e de memória. Mas diga a verdade. Quantas lembranças você guarda de antes dos cinco anos de idade? Algumas, claro, porém a memória ainda não é uma faculdade bem desenvolvida. Não há necessidade de que seja, contanto que os adultos estejam sempre por perto, prontos a antecipar o perigo. Você tem certeza de que era um ser totalmente consciente e atento naqueles primeiros anos? Talvez você simplesmente tenha acompanhado o mundo como ele se mostrava a você. Que necessidade havia de lembrar o que aconteceu ontem?

As lembranças são armazenadas para o reconhecimento de padrões, de modo a se evitar um perigo ou realizar um desejo. Pensamos que as lembranças simplesmente acontecem e preservam a si mesmas, mas não é assim. Elas são selecionadas, sem ser particularmente precisas. Cada uma delas é como um pequeno conto de fadas. Armazenamos apenas a parte da experiência que oferece um padrão de causa e efeito útil, removendo toda complexidade. O que resta é algo assim: quando eu tinha seis anos e bati no meu irmão mais novo, fui mandado para o meu quarto. Quando eu sorria exultante, ganhava uma segunda colher de sorvete. Quase tudo que não tem relação com a moral é esquecido. Não consigo nem me lembrar do sabor da segunda bola de sorvete ou de quem a serviu; só lembro que ganhei.

Para todos nós, assim como para Jade, as lembranças começam a se multiplicar e as coisas mudam por volta dos seis ou sete anos. Quer Jade seja criada na Índia, no Senegal ou nos Estados Unidos, tudo acontece do mesmo modo. A cultura que a cerca decide que é hora de Jade amadurecer. Durante os primeiros dias do primeiro ano, todo o seu mundo vira de cabeça para baixo. Nada de brincadeiras de iniciativa própria. Nada de ir de uma sala para outra. Nada de puxar a manga da professora em busca de ajuda. Em vez disso, é hora de aprender a ler – para toda a turma ao mesmo tempo, durante quarenta e cinco minutos. Fique quieto durante esses quarenta e cinco minutos. Se tiver alguma pergunta, levante a mão e espere ser chamado.

Isso é estranho para a criança que enfrenta essa situação pela primeira vez. Ninguém explica a utilidade dessa estrutura para o amadurecimento nem se desculpa pelo fim abrupto da liberdade da criança. Ninguém diz: "Garota, é hora de crescer".

No entanto, depois de alguns dias ou semanas, depois de ser corrigida por se levantar da cadeira antes dos quarenta e cinco minutos, por não levantar a mão ou por estudar aritmética durante a leitura, Jade descobre: "Minha tarefa é crescer e me tornar um daqueles adultos altos que levam vidas peculiares acima de mim e, enquanto isso, fazer com que me aprovem".

Jade pode procurar um livro de figuras com instruções, mas não encontra nenhum. Seu irmão mais velho não ajuda em nada. Nunca disseram a ele que tudo é uma questão de socialização e de tratar de crescer para se tornar um adulto produtivo. Ele apenas dá de ombros e diz a Jade para concordar e ficar longe de encrencas.

Para qualquer lado que Jade se volte, lá está uma nova expectativa de que obedeça a mais uma regra. Tudo se tornou mortalmente sério de repente. Regulamentado e sério. Sua vida não é tão triste ou feliz quanto é desconcertante.

Jade está confusa. Todos estão no mesmo barco nos primeiros dias do primeiro ano. E todos estão confusos.

À medida que Jade percebe que sua tarefa agora é crescer e se tornar adulta, ela fica mais e mais perturbada. Como isso é possível? Ela é só uma criança. Ela não sabe muita coisa. Ela não faz ideia de como os adultos estabelecem e cumprem todas essas regras. Não só é difícil imaginá-los, mas a maioria deles parece invisível. Mesmo no nível mais elementar, ela não tem ideia de como o mundo funciona. Ela sabe que mamãe vai trabalhar todos os dias, mas o que é "trabalho"? Aonde ela vai? O que ela faz lá? É como a escola? É a mesma coisa sobre a qual estão falando agora e que chamam "trabalho escolar"? Disseram-me que, quando eu era pequeno, eu acreditava que o "trabalho" do meu pai era feito no ônibus em que eu o via entrar no final da nossa rua. Todos aqueles pais trabalhando naqueles ônibus! Ninguém me disse o contrário. De outro modo, como eu poderia saber?

Os desafios também são confusos. Jade sabe que deve amadurecer e se tornar adulta, mas não lhe dizem como, quando ou o que acontecerá se ela falhar. Nunca lhe dizem que é um passo de cada vez e que ela não precisa descobrir isso da noite para o dia. Não lhe dizem que quase todo mundo consegue e que isso não é grande coisa. Todos os adultos parecem participar do jogo e das expectativas, porém parecem ignorar que ela é apenas uma criança. Ela sabe que sua mãe e seu pai, ou alguém grande e importante, cuidaram dela até agora. Eles preencheram invisivelmente todos os espaços em branco. Contudo, agora, *todos* os adultos, mesmo os estranhos, exigem que ela compreenda as novas regras. Jade se sente desnorteada e nem sempre tem mamãe ou papai para ajudá-la.

Um dia no início do primeiro ano, no momento em que Jade está conformada com a possibilidade de decepcionar seus pais e ser vendida aos ciganos, uma pequena voz aparece na sua cabeça, dizendo: "Eu entendo isso, garota".

Se o superego que acaba de emergir em Jade quisesse se explicar, ele poderia dizer o seguinte: "Vou ajudá-la com as novas regras quando seus pais não estiverem por perto. Veja o que faremos. Você sabe que sua mãe é mais paciente quando você se comporta com discrição, o que ela chama de 'fineza'. Bem, vou lembrá-la disso toda vez que você se surpreender numa situação confusa com uma mulher adulta. Você sabe que seu pai fica de bom humor quando você brinca com ele. Bem, vou lembrá-la disso sempre que você se deparar com uma situação confusa com um homem adulto. E veremos o que acontece. Creio que você ficará satisfeita".

Jade agora tem duas estratégias, uma para mulheres, como sua professora do primeiro ano e as amigas de sua mãe, e outra para homens, como seu pai, seu avô e o guarda de trânsito a caminho da escola.

As estratégias da voz do superego – "comportar-se como uma dama" e "fazê-lo rir" – não são específicas de nenhuma das novas regras. São comportamentos genéricos. Mas cada vez que se lembra de um, Jade ganha tempo. Ao projetar uma postura elegante ou um charme bobo, ela pode imaginar seu próximo passo com base nas dicas que os adultos oferecem, acenando com aprovação e prestando atenção favorável a ela. Ela precisa aprender as restrições sociais básicas, e o superego a ajuda nesse aprendizado.

No início, isso era tudo. A vozinha na cabeça de Jade lhe apresentou uma forma de se movimentar entre os adultos quando seus pais não estavam por perto, e isso era o suficiente. As regras se acumularam, e ela as aprendeu aos poucos e as guardou para uso futuro.

Se isso fosse tudo o que o superego tivesse oferecido, Jade o estimaria para sempre por ter salvado sua vida quando ela era criança. Infelizmente para ela, e para todos nós quando tínhamos a idade dela, o superego estava apenas começando.

TRÊS

CONHEÇA SEU CRÍTICO INTERNO

Ouça a voz em sua cabeça, aquela voz que o perturba quando você não dá conta dos seus afazeres. Preste atenção nesse momento e ouça o que ela lhe diz. Quais são suas inflexões? Você já ouviu essas modulações antes? Elas lhe lembram alguém?

Em minha experiência com clientes, a grande maioria percebe que a voz do superego soa como a voz da mãe quando irritada. Para outros, assemelha-se mais à do pai. Alguns não conseguem diferenciá-la da própria voz e alguns poucos não a ouvem. Mas ela está aí, e, na medida em que você tiver conflitos diários com outras pessoas, seu superego estará ativo nos bastidores.

Os psicólogos chamam o processo que introduz um superego em nossa vida de "introjeção", uma palavra ótima. Significa a adoção inconsciente das crenças de outra pessoa. "Introjeção" soa como ficção científica, como se alguém espetasse uma agulha no meu pescoço e, então, uma seringa contendo a voz desapontada de mamãe, de papai ou de uma babá fosse esvaziada nas minhas artérias carótidas. Essa é a descrição perfeita do que aconteceu. Agora que o superego de Jade criou raízes, ele começa a assumir o controle. Ela tem a voz e as crenças de sua mãe dentro dela, corrigindo-a aonde quer que vá. Jade ouve a voz em seu quarto, no jardim, na escola, com as amigas e até à mesa de jantar, com mamãe sentada ao seu lado.

Qualquer oportunidade, qualquer momento de folga, e o superego começa a sussurrar no ouvido de Jade.

Sua maior qualidade era assegurar à Jade uma forma de interagir com adultos em situações confusas. Mas, então, o que ele está fazendo aqui, agora, numa situação em que não há adultos presentes?

De alguma forma, o superego decidiu ser *ubermãe* ou *uberpai*. Em vez de apenas ajudar aqui e ali, ele assumiu o controle. Descobriu como controlar Jade e tomou gosto pela tarefa. E continuou exercendo a função muito tempo depois de Jade ter descoberto outras maneiras de ganhar tempo e conseguir o que queria no mundo confuso dos adultos.

O superego de Jade se expandiu para se tornar a Mamãe Internalizada, e por "Mamãe" entendo "Mamãe ou Papai, professora, chefe, policial ou qualquer figura de autoridade que você possa ter em mente". E todas aquelas regras de maturidade que deixaram Jade confusa? Todas essas regras estão a serviço de algo chamado socialização, e o superego dela resolveu considerar-se especialista nesse assunto.

É aqui que a situação se complica. Eu odeio esta parte. Aqui a história se torna tensa, desanimadora e condena Jade e a todos como ela - ou seja, você e eu - a uma vida repleta de insegurança. O superego se encarrega de tudo e, em seu sussurro melífluo e malicioso, nos critica centenas de vezes ao dia, implacavelmente. Se me olho no espelho, vejo meu rosto retorcido. Se jogo o papel fora da lixeira, sou ridicularizado como uma criança que cai no pátio da escola. Se ninguém ri da minha piada, enrubesço de vergonha. Se esqueço uma palavra, estou ficando velho. Se minha esposa não me diz "Olá!", ela não me ama e, muito possivelmente, não mereço ser amado. A vida se torna um campo minado e nunca me dou conta de que não existem minas de verdade. É como se eu estivesse fracassando, mas de modo geral estou bem alimentado, bem vestido e bem abrigado.

Como pessoas civilizadas, a *maioria* de nós não se preocupa de fato com a própria sobrevivência num dia comum. Nos períodos de seca, temos mercados. Nossas casas são feitas de pedra ou madeira. Defeituosos ou não, temos sistemas de justiça para coibir a violência. Sim, um número incontável de indivíduos sofre privações: cerca de meio bilhão de pessoas irão para a cama com fome esta noite. Como adultos socialmente preocupados, tentamos resolver isso. Mas também é verdade que 7,5 bilhões de pessoas irão para a cama bem-alimentadas esta noite, representando um percentual nunca antes alcançado.

O que recebemos em troca por não nos preocupar com a sobrevivência básica é a ansiedade incessante em razão de preocupações desvinculadas da sobrevivência. Nas sociedades da Idade da Pedra[4] (ainda existem algumas na Terra), as pessoas passam o dia inteiro falando sobre árvores caídas, a última seca e a tribo inimiga próxima. Como não residem ao lado de estranhos, elas confiam. É difícil acumular sem ser percebido, então a inveja quase não existe. O que resta para pensar? Leões, inundações, pestilências – o tipo de coisa que o homem moderno controlou até certo ponto. Os que vivem na Idade da Pedra têm uma grande preocupação com o *id*, ou dimensão instintiva da vida – a sobrevivência – e pouca preocupação com o superego, a instância moral da vida – a civilização.

Como pessoas civilizadas, modernas, preenchemos os nossos dias com preocupações não relacionadas com a sobrevivência, quase todas girando em torno da produtividade. Nosso superego possibilita que um sistema ordenado, hierárquico, alimente e abrigue zilhões de pessoas que têm pouca semelhança tribal. A civilização se baseia na desconfiança. Todas as nossas regras, desde olhar para os dois lados antes de atravessar a rua e não invadir propriedades privadas, até trabalhar quarenta e quatro horas semanais num emprego monótono, são voltadas à prosperidade da civilização. O que significa prosperar? Isso é simples. É principalmente biológico. Nossas regras são

4. A maioria das minhas referências às sociedades da Idade da Pedra, baseadas em tribos existentes, foi extraída de *The World Until Yesterday: What Can We Learn from Traditional Societies?*, de Jared Diamond (Nova York: Penguin, 2012), de *Sapiens: A Brief History of Humanity*, de Yuval Noah Harari (Nova York: Harper, 2015), e de *Savages*, de Joe Kane (Nova York: Knopf, 1997). Tive meu interesse despertado quando, numa visita de dois dias à selva equatoriana, conheci alguns membros da tribo descrita por Kane.

elaboradas de modo a manter a espécie em constante disseminação e crescimento, preenchendo nichos no sistema fechado darwiniano. Provavelmente ocupamos o segundo lugar nessa tarefa, perdendo apenas para as bactérias. Isso não quer dizer que somos animais estritamente biológicos; muito pelo contrário. Nós temos alma. Nós temos escolha. Nós temos potencial para a liberdade. A civilização certamente tem seus benefícios, mas com eles impõe a visão de que somos estritamente animais biológicos ao privar-nos de nossa humanidade – a nossa capacidade de confiar e partilhar – e substituí-la por produtividade, regras e ética, que exigem hierarquias para manter todos trabalhando na difícil tarefa do bem comum – a sobrevivência da espécie. A civilização nos fornece sistemas de justiça, patrões, escravidão assalariada e desconfiança generalizada. Pergunte a qualquer antropólogo.

E o gestor dos sistemas de justiça, os patrões, a escravidão assalariada e a desconfiança são o nosso compêndio de regras sociais – sobrepondo-se aos sistemas éticos políticos, familiares e religiosos e às regulamentações arbitrárias responsáveis por orientar cada um dos nossos movimentos. Como adulto, você talvez pensaria que poderíamos ler as regras, adotá-las, e pronto. Nosso superego não nos deixa fazer isso. Diz que não somos adultos e que o seu breviário de regras sociais deve ser levado e recitado por nós hora após hora, dia após dia. Ele diz que, mesmo conhecendo as regras, não somos merecedores de confiança e que temos de permanecer sob o chicote de sua voz intimidadora, punitiva e escravizadora. Quando reclamamos, ele dá de ombros e diz sarcasticamente: “Você se acha diferente de todo mundo?”.

Não podemos voltar a ser habitantes das cavernas e não faz sentido tentar substituir regras civilizadas por padrões tribais. Comer produtos orgânicos não vai eliminar como por magia a necessidade de uma infraestrutura de transportes global que movimenta quantidades massivas de alimentos para comunidades desprovidas de solo, de sol ou de água para se alimentar. Os experimentos de vida comunitária desintegram-se nas mesmas disputas mesquinhas que levam seus homólogos suburbanos a erguer cercas e muros.

Mantemo-nos, então, fiéis à tarefa desgastante da desconfiança e da produtividade? Estamos confinados no território do superego? Temos uma mãe, um pai ou um diretor de escola adotivos apontando o dedo para nós em nosso período de eternidade?

Errado.

QUATRO

ENFRENTE SEU CRÍTICO INTERNO

Temos uma saída. Ela está bem na nossa frente, mas não é visível. Isso ocorre porque a voz irritante e insistente do superego se esconde. Ela gasta a maior parte do seu esforço como um sussurro quase inaudível. Os psicólogos dizem que ela reside em minha mente subconsciente, mas estão errados. Ela não é subconsciente: meu superego está fora da minha mente, não está associado a nenhuma camada profunda dentro de mim. Ele não é subconsciente; é subvocal. Ele se esconde falando de modo quase inaudível. Eu poderia ouvir sua voz, se quisesse.

Apenas pouco me preocupo com isso, e então ele tira proveito da situação.

Meu superego é um vampiro. Se o deixo no escuro, numa insistência subvocal, num zumbido silencioso de narração contínua, ele consegue o que quer. Ele me influencia em quase silêncio. Se o levo à minha audição – à luz do dia, por assim dizer –, ele perde sua força vital e pode até se desintegrar. Ele não gosta de ser ouvido diretamente, em voz alta. E por uma boa razão. Ele é um idiota que não tem nada a ver com a minha vida. Seu medo de que eu descubra essa verdade é mortal, e por isso permanece subvocal o máximo possível.

Assim, uma única atitude se faz necessária: trazer a voz do meu superego à tona. Basta eu lhe dar ouvidos.

Não é difícil fazer isso; só um pouco estranho. Vou orientar você por algumas etapas.

Primeiro, sente-se e localize a voz em sua cabeça. Ouça. Quando você se irrita consigo mesmo, onde a discussão acontece? Para a maioria das centenas de pessoas que atendi em orientações individuais e em grupo, a voz ressoa atrás das orelhas, logo fora ou dentro da parte de trás da cabeça. Ela não consegue entrar muito, pois o eu verdadeiro interfere. Algumas pessoas a ouvem mais no topo do crânio ou mesmo na testa. Uns poucos a situam em outras partes ou em torno do corpo.

Mentalmente, perceba onde a voz se localiza no corpo ou perto dele. Em seguida, estique um braço à sua frente, com a palma para cima. Puxe a voz da parte de trás da cabeça ou de onde você a ouve e coloque-a na palma da mão na sua frente. Se não conseguir localizar a voz, simule encontrá-la, mantendo o braço estendido.

Espere e deixe a voz assumir uma forma na palma da mão. Essa forma pode surgir em alguns segundos ou um minuto. Ela pode se transformar numa pessoa, numa criatura ou num objeto inanimado, com uma dimensão pequena ou grande. A forma que a voz assumir nesse exercício se tornará o padrão definitivo. Ela pode mudar e se transformar, mas retornará à pessoa, à criatura ou ao objeto que se revelar nessa primeira vez. Provavelmente, parecerá um pouco caricatural, mas também terá uma aparência de realidade que difere da sua imaginação cotidiana.

Em geral, o semblante é estranhamente difuso, como se estivesse ligeiramente desfocado, podendo mostrar uma expressão vazia ou sarcástica. Alguns têm gênero, outros não. Não importa. Se não aparecer nenhum rosto, simplesmente imagine um e passe para a etapa seguinte. Agora que o seu superego está na sua frente, você está pronto para iniciar um diálogo com ele. Sim, você pode conversar com seu superego, mesmo que ele não seja muito visível. E o que é ainda melhor, ele vai se envolver na conversa.

O que você quer saber dele? Descobri que algumas perguntas-padrão são úteis no início. Ao fazer uma pergunta, espere pacientemente a resposta. Ele pode responder com uma expressão facial em vez de palavras. Repita a pergunta até que ele responda verbalmente. Seu superego não gosta de ser encurralado, por isso, se possível, evitará responder. Mas ele acabará respondendo se você persistir.

Estas são as minhas três primeiras perguntas-padrão:

"Quem pôs você no controle?"

"Quando você assumiu o controle?"

"Por que você ainda está no controle?"

Quase todos os superegos dão a mesma resposta a essas três perguntas. Não vou estragar sua experiência revelando as respostas típicas dadas. Quero dar-lhe a oportunidade de ter um encontro pleno e imparcial com seu superego antes de considerar os resultados de sua primeira entrevista. No próximo capítulo, discutirei a universalidade das crenças do superego. Enquanto isso, se ainda não o fez, prossiga e inicie o diálogo com o seu superego.

Depois de ouvir as respostas do seu superego às três primeiras perguntas, continue o questionamento.

"Eu gostaria de assumir o controle por um tempo. Você vai me deixar?"

"O que você receia que possa me acontecer se eu assumir o controle?"

"O que você receia que possa acontecer com você se eu assumir o controle?"

É bastante difícil o superego desistir, mas nesse ponto ele está um pouco inquieto quanto ao próprio futuro. Continuando o diálogo:

"Prometo que não vou destruir você. Só preciso que você me deixe assumir o controle. Faremos isso como

um experimento. Você me deixa assumir o controle por algum tempo, afastando-se de mim. Vamos ver o que acontece. Está bem assim?"

"Preciso de uma resposta categórica, sim ou não. Beleza?"

Com o superego concordando verbalmente com o experimento, chegou o momento de terminar o diálogo. É bom concluir com uma nota otimista.

"Aposto que foi cansativo ficar no controle todos esses anos, não?"

"Não seria legal estar aposentado?"

"Não vou me livrar de você. Estou pedindo a você que se afaste do controle apenas por algum tempo. Você pode voltar e me ajudar quando eu pedir ou quando as coisas começarem a pesar demais para mim. O nome do seu novo cargo será Conselheiro Ético Eventual. Está bem para você?"

"Antes de nos separar, quero agradecer por salvar minha vida quando eu era criança. Eu não teria conseguido passar por aqueles tempos difíceis sem você."

Ao terminar, reconduza o seu superego ao seu lugar habitual, atrás da cabeça ou na parte do corpo em que você o localizou.

CINCO

ASSUMA O CONTROLE

O que acabou de acontecer? Com quem você estava falando? Que tipo de loucura é essa?

Você acabou de conhecer seu superego. Você descobriu que ele está fora de você e fala. Você descobriu que ele tem o fac-símile de uma vida, mas uma vida ao mesmo tempo diferente da sua e separada de você. Dependendo da forma com que apareceu, é uma criatura, uma pessoa ou uma coisa. A forma não importa. Como sua única função é comunicar-se verbalmente com você, sua voz e feições podem ser avaliadas; o demais desaparece.

Sua primeira pergunta foi "Quem pôs você no controle?" É bem provável que seu superego tenha respondido: "Você mesmo". Cerca de 90% dos meus clientes ouvem essa resposta. Os 10% restantes se dividem entre "Foi sua mãe", "Foi seu pai", "Foi sua avó" ou outra pessoa. Alguns superegos são bem espertos e dizem "Fui eu", mas depois de averiguar um pouco mais, concordam que receberam autorização externa.

De certo modo, é verdade que você pôs o seu superego no controle. Nos primeiros anos, você teve o máximo de proveito fazendo isso, pois o superego o ajudou a crescer. Mais adiante vou lhe mostrar as diversas maneiras como ele fez isso. Como foi você que o autorizou, é bom saber que você tem também o poder e o direito de desautorizá-lo. Chegaremos a isso.

Sua segunda pergunta foi "Quando você assumiu o controle?". As duas respostas mais comuns dadas pelo superego são: "Eu sempre estive no controle" e "Quando você tinha [indique uma idade entre quatro e dez] anos de idade". Alguns dizem "Não sei" e um número reduzido menciona a adolescência do hospedeiro.

Na verdade, quase todos os superegos assumem o controle por volta dos seis, sete ou oito anos de idade. Apesar de você ter aprendido alguma coisa antes desses anos – um pouco de aritmética, talvez um pouco de leitura –, a maior parte de seu amadurecimento intelectual, ao menos pelo critério de utilidade à sociedade, tem início por volta dos sete anos. Como Jade percebeu, o primeiro ano é um salto quântico em relação ao Jardim de Infância. É um período de rápida absorção de novas ideias, responsabilidades repentinas e instruções confusas. Por outro lado, é também o momento em que pais e professores já não ficam observando filhos e alunos a cada quinze minutos.

Na ausência deles, você toma decisões, algumas que podem ser desastrosas. De certa forma, você se libertou do controle deles, mas é alarmante e assustador.

Veja outro exercício. Ouça a voz sussurrante do seu superego em sua invisibilidade habitual, dentro de você ou por perto, atrás de suas orelhas. As inflexões dessa voz, suas oscilações de timbre e tom lhe lembram alguém? Uma pessoa? Qualquer pessoa? A maioria dos superegos exprimem as inflexões da mãe do hospedeiro. Dos outros, muitos assumem as modulações do pai. A última fração se divide entre algum outro cuidador ou cuidadora dos primeiros anos, você mesmo ou uma pessoa desconhecida.

O superego assume em geral a voz dos pais porque é isso que ele é: um substituto do pai ou da mãe. Jade está na escola, e lhe pedem que sente em fileiras e preste atenção a um professor na frente da sala, e ela não sabe muito bem como fazer o que lhe foi pedido. Ela quer seguir as novas regras corretamente, porém sua mãe, seu pai ou sua avó não estão por perto para corrigi-la. Então, o superego aparece e diz: “Eu vou corrigir você. Vou manter fichas de regras e lembrá-las para você. Estou aqui para ajudar”. Essa é uma boa ideia, mas tem uma deficiência lamentável. A essa altura o superego ainda não conhece bem as regras, pois é tão principiante no jogo quanto Jade. Com o tempo, ele reunirá eventos na memória e possibilitará a ela o reconhecimento de padrões. No início, todavia, ele não dispõe de uma memória com dados suficientes para trabalhar. Ele só tem o tom repreensivo da mãe ou do pai.

A repreensão, a depreciação ou a admoestação sempre acarretam o sentimento da aversão. Você é desagradável ou possivelmente condenável se tende a cometer erros. Está implícito nessa tendência que há algo errado com você, que você não merece ser amado ou pelo menos que é indesejável. Jade não precisa de cinto ou de chinelo para ser intimidada. Uma cara feia é castigo suficiente. As inflexões do superego são punições. Como um pai ou uma mãe que repreende motiva um comportamento corretivo, as inflexões críticas de um superego produzem o mesmo resultado.

O superego ensina com ameaças de punição, e, quando você não entende, ele pune realmente. Quando você não segue determinada regra de modo adequado, a voz sussurra: "Seu idiota. De novo a mesma coisa! Como você pode ser tão burro?". Carregamos conosco nosso pai, mãe ou babá carrancudos, cochichando em nosso cérebro. A maioria de nós tem o mesmo superego gigantesco sussurrando pequenos alertas. Os poucos de nós que foram fisicamente agredidos quando crianças ou que sofrem de esquizofrenia têm superegos descomunais que exigem soluções diferentes das encontradas neste livro. Para a grande maioria da humanidade, os superegos são surpreendentemente semelhantes em tamanho e atitude.

Outro exercício ajuda você a compreender como o superego reforça seu controle. Fizemos alusão a essa prática anteriormente, ao dizer que o seu superego sugere soluções simples para situações confusas.

Relembre sua infância, entre os cinco e os oito anos de idade. Pense na sua mãe ou na figura materna dominante em sua vida naquela época. Que comportamento seu a irritava com mais frequência? Alguma coisa devia tirá-la do sério. Talvez ela implicasse com o seu modo de ser e agir. Quantas vezes ela lhe disse para parar de fazer perguntas? Para parar de se exibir? Para se acalmar? Ou ela sacudia a cabeça quando o pegava divagando? Quando você falava sem pensar? Quando sujava suas roupas? Quando era malcriado?

Lembre-se de um, apenas um comportamento seu que ela corrigia com frequência. Talvez você não consiga na primeira vez. Não se preocupe. Mesmo assim o exercício dá resultado.

Em seguida, volte ao mesmo período da sua vida e pense no seu pai ou na figura paterna dominante. Que comportamento seu mais o estimulava? O que chamava a atenção dele no sentido positivo? Um bom desempenho escolar? Ser bem-humorado? Fazê-lo rir? Ajudá-lo? Ser um bom atleta?

Antes de continuar, preciso explicar por que você percebe tantos vieses de gênero neste livro. Os vieses de gênero – mães esperam isto, pais esperam aquilo, uma família de verdade tem uma mãe e um pai – são de valor questionável, claro. Mas estão impregnados nas normas dominantes da maioria das culturas nacionais atuais, com consequências variadas, grande parte delas terríveis. Os superegos insistem em apoiar ou contestar as restrições culturais dominantes. Seja como for, um superego individual é definido por esses vieses culturais. Superegos, como sistemas judiciais, são conservadores por natureza, altamente resistentes à mudança e adotam vieses de gênero para diminuir você, mesmo que você não acredite nessas histórias tendenciosas. Não posso me desculpar pelo comportamento do parasita, mas peço desculpas se esta leitura sobre os vieses de gênero *dele* fere seus sentimentos.

Digamos que você tenha encontrado duas estratégias para obter a aprovação dos adultos – para a maioria das pessoas, uma para os homens, outra para as mulheres – e evitar a desaprovação deles quando você não compreende o que está acontecendo. Se uma mulher estiver no controle e você tiver uma cuidadora que gosta de que você fique quieto, você olhará para a mulher em silêncio. Afinal, é isso que tranquiliza a sua figura materna, certo? Se um homem estiver no controle e a voz na sua cabeça lhe lembra de que o seu cuidador gosta de se divertir, alegre-se e ponha uma cara de bobo. Afinal, é mais provável que esse novo homem lhe dê atenção positiva, entendeu?

Qual é o sentido de uma criança ter essas duas estratégias básicas, uma para mulheres e outra para homens, quando se depara com circunstâncias confusas? Os comportamentos adotados aumentam a possibilidade de que a criança atraia a empatia do adulto e *ganhe tempo*. Em vez da paralisação do pânico ou do instinto de fuga, a criança pode parar e esperar um pouco, tempo suficiente para que outra ideia surja ou que o adulto sinalize com mais clareza o que deseja.

O problema é que o conjunto de estratégias básicas que os superegos impõem, embora limitado, é extenso. Se você ainda está à procura das suas, veja se alguma dessas comuns se aplica a você. Qualquer uma delas aplica-se tanto a homens quanto a mulheres e reflete as expectativas de uma figura paterna ou materna, mas uma ou duas provavelmente ressoarão com mais intensidade em você:

Eu preciso ser mais refinada

Eu preciso amadurecer

Eu preciso ser mais duro

Eu preciso ser mais comedido

Eu preciso ser engraçado

Eu preciso ficar quieto

Eu preciso dar preferência aos outros

Eu preciso ser menos arrogante

Eu preciso parar de sentir prazer com a desgraça alheia

Eu preciso me esconder

Eu preciso parar de ser "espertinho"

Eu preciso presentear as pessoas

Eu preciso colaborar com a equipe

Eu preciso entreter os outros

Eu preciso buscar a excelência

Eu preciso ser perfeito

Eu preciso desconfiar das pessoas

Eu preciso ser legal o tempo todo

Eu preciso parar de ser maldoso

Eu preciso ser inteligente

Eu preciso parar de revidar

Eu preciso esconder quem eu sou

É muito provável que você tenha uma dessas estratégias para mulheres e outra para homens.

Estranhamente, seus dois padrões não mudam nem desaparecem ao longo da vida. Você não consegue um conjunto melhor e continua com os seus dois. Aos doze anos, você terá aprendido outras estratégias para ganhar a confiança de homens e mulheres adultos. Aos dezessete anos, conhecerá *todas* as outras estratégias. Releia a lista agora, refletindo sobre cada estratégia e se perguntando: não usei essa estratégia uma vez ou outra em minha vida?

Assim, não deveria o superego acalmar-se e deixar você escolher sua estratégia numa longa lista? Na idade adulta, você não consegue entrar em contato com um estranho sem que sua mãe, seu pai ou outro cuidador estejam à espreita? Você diria que consegue.

Infelizmente, essa não é a experiência da maioria das pessoas. Todos os meus clientes, por exemplo, dizem que, quando uma nova situação os perturba – um encontro com uma pessoa desconhecida, um gerente novo, um caixa antipático ou um robô de atendimento ao cliente –, eles recorrem à sua estratégia mais antiga. Por quê? Porque seu superego está no controle. O parasita prestativo não se aposenta aos doze ou dezessete anos. Ele permanece no controle, sussurrando para a Jade adulta como se ela ainda tivesse sete anos.

Para os nossos superegos, Jade, você e eu nunca crescemos. De certo modo, a mensagem do parasita reforça a minha sensação de agir através de uma criança interior, a criança que ainda procura proteção dos adultos, embora meu corpo e minha mente estejam maduros e evoluídos.

O que me leva à questão da insistência obsessiva do superego. Aos seis ou sete anos, ele assume o controle. Pouco depois, ele comanda o espetáculo o dia inteiro, todos os dias, e praticamente para cada decisão importante que o ser humano precisa tomar. Você acha que comanda o espetáculo, mas não comanda. Se isso é novidade para você, continue lendo. Este livro trata, primeiro, de provar que o seu superego o mantém acorrentado o dia inteiro e, segundo, de ajudá-lo a encontrar seu caminho para a liberdade.

Enquanto isso, ouça a voz dele. Quanto mais você prestar atenção, mais potente ela se tornará e mais fácil será ouvi-la. Apenas ouça. Não reclame nem faça nada a respeito. Quando você captar sua inflexão, pare por um segundo e identifique-a. “Esse é o meu superego.” Isso é tudo o que você precisa fazer.

No início, foi difícil para mim identificar o meu superego. Pensamentos e mais pensamentos vagueiam pela mente, a maioria deles, fragmentos; alguns deles, estratégias, listas ou observações; apenas alguns reagem com precisão aos desafios. A isso misturam-se as mensagens do superego. Elas são predominantes durante os conflitos. Se você se depara com uma situação urgente e perigosa, mas não há uma serpente real enrolada na sua frente, é sinal de que você está nos domínios do superego. Em geral, você não tem consciência da urgência e do perigo. Você reage antes de se dar conta. No momento em que você ouve o seu superego, ele está fazendo seu último comentário: “Seu idiota”; “Não consigo acreditar que você fez isso”; “O quê? De novo?”; “Perdedor”. Alguns superegos são claros, diretos, e dizem essas coisas. Outros são mais difíceis de ouvir, porém seu sarcasmo e desdém são evidentes. Se você o ouvir usar algum termo ofensivo, como “perdedor”, ou mesmo se ele só o deixar com uma sensação de decepção, pare um pouco e diga: "Esse é o meu superego". Identifique-o. Se quiser, pode acrescentar, "Eu não mereço isso", mas não discuta com ele. Basta identificá-lo e seguir em frente. O objetivo aqui é começar a desenvolver a consciência da presença e da voz dele, se você conseguir ouvi-la. Como um vampiro, ele prefere as sombras.

Quanto mais você o perceber, mais o conhecerá. Ele não quer ser conhecido, porque não pode competir com a sua sofisticação de adulto. Ele sabe que é facilmente o garoto mais idiota da sala de aula e a voz mais idiota na sua cabeça. Em outras situações, você pode ter um professor adulto dentro de você, no entanto segue as instruções de um valentão da última fila.

Talvez você ouça sua voz uma vez por dia no início, ou apenas uma vez por semana. Quanto mais prestar atenção, porém, com mais frequência o ouvirá. Para a maioria das pessoas, ele se manifesta centenas de vezes por dia. Se você conseguir percebê-lo cinco vezes em 24 horas, você é mestre nesse exercício.

SEIS

CRESÇA E RELAXE

Há quinze anos, eu me encontrava no pequeno consultório do meu terapeuta, Robert Birnbaum, localizado atrás de sua casa em Lafayette, Califórnia. Eu tentava lidar com meus problemas: meu passado inglório, remorsos e arrependimentos persistentes, falta de amor e sentimentos de inutilidade. A bagunça de sempre. Um diabinho pousou no meu ombro esquerdo; sem pensar, comecei a falar com ele. Ele respondeu. Tudo o que está neste livro decorre dessa ocorrência casual. Meu diabinho – um rato com asas, uma cara e dentes mais longos do que os de um morcego – era uma representação física do que Freud chamava de meu superego. Esse diabinho acompanhou-nos, Robert e a mim, numa incursão turbulenta, uma vez por semana, durante seis meses, através das minhas defesas, das minhas identidades e da minha cantilena de ansiedades. Foi uma viagem estonteante, laboriosa e exaustiva, pois primeiro tentei resistir ao meu diabinho, depois discuti com ele e, por fim, deixei que se exibisse até ficar satisfeito por eu ter entendido bem suas mensagens. Descobri que ele era simplório, astuto e mal-intencionado, mas honesto (quando lhe faço uma pergunta, ele responde honestamente). Contudo, descobri principalmente que, quanto mais eu o deixava ser visto, mais ele se escondia. Quando terminei de estudá-lo – após cerca de seis meses de encontros semanais –, minha vida ficou mais tranquila e muito mais satisfatória.

Dez anos depois, em 2017, ao concentrar minha prática ajudando meus clientes a controlar seus críticos internos, a experiência do diabinho preponderava em minha mente. Então, realizei testes para ver se poderia reproduzi-la com outras pessoas. Descobri que era a coisa mais fácil do mundo qualquer pessoa conhecer seu superego. Também descobri que o envolvimento direto do superego, como fiz no consultório de Robert, pode produzir nos outros os mesmos benefícios terapêuticos observados em mim.

Este livro se baseia nas minhas experiências com centenas de clientes nos últimos quatro anos, e ainda com envolvimentos semelhantes com amigos e parentes que perguntavam sobre “meu pequeno truque de salão”, como eu dizia. É mais fácil aceitar um truque de salão do que um encontro com o próprio superego. Este livro é, dessa forma, uma descrição de fatos que testemunhei. Minha intenção não é contribuir para a compreensão acadêmica ou científica das forças da mente, mas mostrar às pessoas algumas técnicas tão simples quanto truques de salão que, no entanto, parecem oferecer um caminho para um conhecimento maior. Passei por algumas mudanças de atitude ao me deixar guiar por professores espiritualistas e de psicologia. Depois voltei atrás para descobrir os mecanismos envolvidos e assim poder refinar o que aprendi e aplicar os resultados nas orientações a outras pessoas. No que me diz respeito, o raciocínio dedutivo acrescenta pouca coisa à realização do trabalho.

Dito isso, não ignoro que este livro talvez pareça contradizer algumas teorias vigentes e exigir testes duplos-cegos para que uma pessoa com mente racional possa confiar nele. Fundamentalmente, e muito provavelmente de modo por certo controverso, ele desagrega a brilhante mente inconsciente tripartida de Freud. Ao considerar o superego uma força subconsciente interna, Freud o inseriu num sistema que exigia uma compreensão da castração, da inveja do pênis, do complexo de Édipo (e agora, de Elektra) e uma orientação sexual geral para sua origem e suas manifestações.

Meus clientes e minha experiência indicam que o superego não é em absoluto uma força interna, mas um parasita tardio que não está em guerra com o supostamente impulsivo *id* – nossos instintos de sobrevivência e libido. Ele opera como um ser independente e tem estruturas próprias que se diferenciam de tudo o que é inato em mim, incluindo meu *id*. Não espero que alguém acredite nisso de imediato, mas, em vez de ser subconsciente, o superego pode ser simplesmente subvocal. Ele sussurra de fora, em geral um pouco atrás de uma das orelhas. Uma consequência positiva disso, embora não intencional, é que, com essa formulação do superego, as propensões patriarcais que causam tantos problemas ao angustiado dr. Freud seriam desnecessárias. Trata-se do mesmo superego para homens e mulheres e não é uma reação ao medo da castração.

Robert Birnbaum faleceu em 2012, e eu nunca recebi uma resposta direta dele se a Gestalt que aproveitei durante aqueles seis meses com meu diabinho era algo que ele comumente evocava ou se emergia organicamente em nossas sessões. Seja como for, imagino que o fato de Robert ter estudado diretamente com Fritz Perls, pai da Gestalt-Terapia[5], e Carl Rogers, pai da psicologia positiva, teve algo a ver com a experiência gestáltica de afirmação da vida e de otimização pessoal que estou difundindo. Por Gestalt, entendo apenas adotar duas vozes e estimular uma conversa entre ambas. Em geral, Gestalt implica imaginar uma pessoa real com quem você está em conflito; a pessoa é então substituída pelo parasita petulante que fala com você o dia todo. Você desempenha o papel do seu superego e o do seu questionador, alternadamente.

5. Quando uso o termo "Gestalt", refiro-me apenas a uma única técnica que os Gestalt-terapeutas costumam usar. Nessa técnica, o cliente fica de frente para uma cadeira vazia e imagina que outra pessoa, muitas vezes a mãe ou o pai, está ali sentada. Então, o paciente alterna os papéis, passando para a cadeira "mãe" ao responder à pergunta do "filho" e vice-versa. As conversas que eu tinha com meu superego me lembraram da minha experiência com a dramatização da Gestalt. O texto há muito tempo fundamental da teoria da Gestalt na prática é *Gestalt Therapy* (*Gestalt-terapia*). Gouldsboro, MA: Gestalt Journal Press, 1951, 1994, de Frederick Perls, Ralph Hefferline e Paul Goodman. Minha experiência com a Gestalt-Terapia limita-se aos exercícios de dramatização de cadeira vazia ou de duas cadeiras.

Voltemos ao tema que vínhamos desenvolvendo: o uso desses métodos para relaxar o superego.

Seu superego não o prejudica apenas recorrendo a uma estratégia simplória. É pior que isso. Antes de apresentar sua solução, o parasita eliminou habilmente a maioria de suas escolhas. Ele o assusta enviando um sinal urgente de perigo que transforma instantaneamente a mais simples interação com o mundo numa ameaça pavorosa, o que o leva a assumir uma atitude defensiva. Essa atitude, porém, limita suas escolhas às alternativas mais conservadoras, as preferidas do superego. Seu superego parasita é um alarmista. É o *seu* alarmista. Você aprendeu com esse parasita quase tudo o que sabe sobre medo. Durante o dia inteiro, ele lhe conta histórias de fantasmas, diz que você está ansioso, zomba de você por carregar medos infantis e o submete à vontade dele. Não fosse a interferência do seu superego, um número muito maior de interações com as pessoas pareceria benéfico ou até prazeroso.

Lembre-se, o superego é a resposta da civilização à vida entre estranhos num mundo de desconfiança e hierarquia. Se o seu clã de origem não o acolher e proteger, você estará vulnerável num mundo traiçoeiro de estranhos. Você pode efetivamente estar no território desses estranhos, onde eles têm todo o direito de matá-lo.

Mas, como é que ele consegue transformar o mundo relativamente benigno e civilizado numa ameaça constante? Principalmente por apropriação. Ele rouba seus modos de ser e agir do centro de sobrevivência instintivo, o *id* de Freud.

Como você viu, o superego é um fac-símile, uma cópia de uma pessoa, com atributos de voz, persuasão e julgamento.

É um ser criado. Em certo sentido, você o criou, mas o fato de que todos nós temos um e de que o seu é em geral praticamente igual ao de todos os outros, indica que a espécie de algum modo o incorporou no plano de desenvolvimento de cada um. Por isso, não desperdice energia culpando-se. Pelo que sei, ninguém de nós teve escolha ou oportunidade.

Quer o superego tenha aprendido como se comportar observando à sua volta ou tenha certa sabedoria intrínseca, fica muito claro pela linguagem que usamos que ele furtou alguns de seus poderes persuasivos do *id*. O medo instintivo da morte é imediato e urgente. Quando encurralado ou de algum modo ameaçado de traumatismos físicos, o organismo humano reage energeticamente, desde os nervos até os músculos e o cérebro, de todas as formas instantâneas e químicas possíveis. Quase imediatamente, o corpo luta, foge ou congela. Toda atenção se dirige ao perigo físico. Com frequência, o tempo desacelera, a força e as habilidades de cálculo mental aumentam e o corpo se ajusta para se defender do melhor modo possível. A reação é rápida e direcionada.

Mas, quando o perigo não é físico, o corpo não dispõe de um mecanismo de reação urgente. A adrenalina não flui. O organismo humano não se transforma automaticamente em defensor físico nem de qualquer outra espécie. Quando meu chefe me olha atravessado, nada na química do meu corpo sinaliza que, em poucos instantes, vou perder o emprego e complicar a minha vida. No entanto, algo pensa sutilmente nisso e me envia essa mensagem. Alguém de fora, sem emoções, diria que, na pior das hipóteses, calculei mal o que meu chefe queria e um dia talvez eu queira lhe perguntar a respeito. Contudo, o superego quer que eu aprenda com o meu erro, e a sua única ferramenta de reforço é a voz que me pune verbalmente. Como ela pode me punir sendo eu objetivo quanto à importância da infração menor? Meu superego olha para o *id* e vê como ele pode me levar a mudar minha própria química, reagindo a um perigo de modo imediato e urgente. Se a minha sobrevivência estivesse em jogo, eu reagiria imediatamente. Minha sobrevivência não está em jogo, *mas meu parasita diz que está*. Meu superego me conta uma mentira sutil, que o perigo é real nesse momento, e minha resposta precisa ser rápida. Agora existem alguns fortes motivadores para a ação.

O superego me engana, agindo como se meus instintos de sobrevivência tivessem sido desencadeados. Ele toma emprestadas as noções de imediatismo e urgência do instinto de sobrevivência e as aplica de forma imprudente a tudo o que acontece durante o dia.

Desde o primeiro "aham", estou sob seu controle. Quer eu tenha sido ofendido por um amigo, cobrado demais por uma oficina mecânica, repreendido por um chefe ou criticado por minha parceira, minha primeira reação me subjuga. Meu superego diz que estou sob ataque e preciso lutar para sair da situação imediatamente. Ele faz de tudo para resolver o problema antes mesmo que eu tenha condições de examinar as circunstâncias. Hoje em dia, isso se chama "ser desencadeado". Você pode pensar que isso significa apenas que uma identidade foi instigada, mas exatamente os mesmos sentimentos acontecem sempre que você acredita que está em perigo. O superego reage da mesma maneira, seja qual for o conteúdo ameaçador.

O que aparece é isto: Urgência. Necessidade de correção imediata. Aumento de arrepios. Postura defensiva. Cara amarrada. Olhos semicerrados. Carga de pseudoadrenalina na coluna. Tenha eu percebido meu próprio erro, tenha eu sido xingado ou tenha chegado uma fatura inesperada, é tudo a mesma coisa. O superego assumiu o controle com sucesso.

Pense nas ocasiões em que você se viu envolvido em um conflito de pouca importância. O que você fez? Você respirou fundo e olhou à sua volta. Você pôs o conflito em perspectiva. E riu para si mesmo. Manteve uma atitude objetiva. Quantas vezes você lidou bem com um conflito menor desde o início? Se você for como a maioria, quase nunca. Em vez disso, foi instigado por seu parasita irritante a chegar a uma conclusão de perigo urgente e se apressou a julgar e agir.

Que possível benefício poderia advir de tal comportamento? Por que teríamos todos evoluído para tirar conclusões precipitadas e fazer julgamentos severos em vez de recuar um pouco e avaliar a situação? Acontece que o superego tem um método para sua neurose de urgência e de pensamento catastrófico, o qual, de modo geral, é proveitoso à espécie, mesmo quando nos confina a um purgatório vivo.

O problema com a sociedade é que ela precisa de um *status quo*. Em vez de confiar na ordem natural, que não tem limites e seria politicamente considerada anarquia, a sociedade cria uma ordem tipicamente humana que se delineia no que chamamos de moral, ética, regras e leis. A lei natural permite; a lei humana limita. Esses limites criam uma ordem pouco natural, porém precisam ser aplicados e mantidos. A lei natural não dispõe disso que chamamos de julgamento; antes de Adão e Eva comerem da árvore do conhecimento, o bem e o mal não existiam no universo de Deus. Então, uma das desvantagens de sermos seres humano é que temos julgamento do bem e do mal, do certo e do errado. Quanto mais estáveis forem as nossas noções coletivas do que é justo ou injusto, maior será a probabilidade de os grandes planos de nossa sociedade – construir rodovias, assinar tratados, fazer com que todos participem de um culto uma vez por semana, de preferência em determinado dia – serem concretizados. Sim, existe um sutil acordo entre a maioria das noções de justiça e de direito natural ou biológico, mas isso está muito longe de proclamar qualquer sistema ético como incontestável ou imutável. A lei humana é desejável e uma de suas principais características é a estabilidade e a manutenção de um *status quo*. Exceto em crises ocasionais, as leis humanas mudam pouco e lentamente. As leis humanas protegem o *status quo*. Dessa forma, elas são essencialmente conservadoras. Qualquer mudança de lei se depara com todos os tipos de embaraço.

Como agente pessoal da aplicação da moral, da ética, das regras e das leis de minha sociedade, o meu superego é exatamente tão conservador quanto ela. Meu parasita é um defensor do *status quo*. Ele impõe as regras que já aprendeu e responde a qualquer equívoco de minha parte com um golpe metafórico em minha nuca. Esqueça a ética situacional.

Ele quer ver aplicadas as regras que já memorizou. E é aqui que se percebe a verdadeira genialidade de seu pedido de empréstimo de urgência e imediatismo do *id*. Mas, para compreender, preciso antes explicar algo sobre como os eventos se apresentam à nossa consciência.

Todos nós temos experiências. Uma experiência pode ser pequena como um pensamento: "Veja aquele cachorro feio".

Ou pode equivaler a uma realização: "Levei três semanas para moldar esta pistola em sabão". Quer a experiência dure alguns segundos ou algumas semanas, ela começa da mesma maneira. Toda experiência começa com curiosidade. Você pode achar que a curiosidade é um grande problema, já que pode matar gatos, mas na verdade não é. É apenas o começo de cada experiência. Cada momento, evento, estratégia, conflito, desafio, observação, projeto, pensamento começa com uma simples varredura das variáveis disponíveis. Começamos cada experiência com duas perguntas relativamente abertas: "O que temos aqui?" e "Do que preciso?". A parte "O que temos aqui?" é uma varredura. Se sou jardineiro, antes examino as plantas para descobrir sinais de mudança. Posso classificar o que vejo em estruturas amplas – plantas que estão murchando, plantas que estão brotando e plantas que precisam ser podadas. Ainda não decidi o que vou fazer. Por enquanto, estou apenas colhendo dados. Se tive a ideia de ler *Crime and Punishment* (*Crime* e *Castigo*), posso abrir o livro para ver quantas páginas tem, qual o tamanho da fonte e, tendo passado os olhos em alguns nomes russos de várias sílabas, voltar às primeiras páginas para ver se há um elenco de personagens. Estou verificando ao acaso "O que temos aqui?" para que minhas variáveis conhecidas de tempo, limiar de atenção, visão e memória possam ser utilizadas para tomar a decisão de ler um romance policial de mais de 500 páginas. Estou coletando dados. Quando entro no meu carro, verifico o painel de instrumentos para ter certeza de que um dos meus filhos não esvaziou o tanque. Estou coletando dados. Curiosidade é igual a coletar dados. Continuo coletando dados até concluir que disponho de variáveis suficientes para chegar a uma conclusão ou decidir se devo realizar um tipo específico de experiência. Depois de obter todos os dados que considero necessários, passo para a etapa seguinte da minha experiência, que é sua execução. Não vou abordar a etapa execução aqui. Fiquemos com o estágio da curiosidade, porque é nele que nosso superego parasita exerce quase todos os seus esforços. Aliás, a terceira e última etapa – a conclusão – dá sentido à experiência. Escolhemos um quebra-cabeça a partir das variáveis à nossa frente, encaixamos as inúmeras peças e, quando concluímos, temos o seu significado. Somos máquinas de criação de significado! Depois disso, começamos tudo de novo, coletando dados com nossa curiosidade lúdica para o próximo momento, evento ou projeto.

A parte mais divertida costuma ser a primeira, a curiosidade inicial e a coleta de dados. De momento a momento, de pensamento a pensamento, de projeto a projeto, divertimo-nos selecionando variáveis para outro quebra-cabeça, para o próximo e para o seguinte, a fim de poder encontrar uma solução que remeta a um significado, depois a outro, a um terceiro, e assim por diante.

Permanecer algum tempo no estágio "O que temos aqui?" é estimulante. Como ensina o professor espiritualista A. H. Almaas, curiosidade – o estágio "O que temos aqui?" – é sinônimo do que chamamos "alegria". Cada momento, evento ou projeto tem sua novidade e, com ela, a surpresa que surge ao dar uma olhada numa sala, escolher brinquedos e começar a brincar.

Não para o parasita que me vigia. Meu superego é um desmancha-prazeres.

Ele entorpece a minha curiosidade. Como? Nisso está sua genialidade. Ao criar uma falsa sensação de perigo e urgência de correção, ele restringe drasticamente a minha exploração do "que é". Em vez de me deixar examinar a situação e descobrir sozinho o que é o quê, meu parasita vai direto a uma conclusão. Ele me apresenta sua norma-padrão como a minha opção principal, se não única. E como me impressionou com uma sensação de urgência, meu superego conclui a varredura e passa à ação. E assim não me foram dadas condições de me debruçar sobre a situação e perceber se deixei de ver alguma coisa na sala – outra opção ou outra percepção do que me está sendo dito – e respondo da forma como sempre respondi.

Pergunte a si mesmo: Quanto valorizo o fato de ser o *primeiro* a responder? Se meus professores me ensinaram a ser o aluno sentado na primeira fileira, sempre levantando o braço, "Ó, ó, eu sei, eu sei!", dei ao meu parasita todo o poder que ele precisa para impedir o debate. O superego se delicia em ser o primeiro a encontrar a solução e em me dificultar a procura de outra saída para o quebra-cabeça ou para o conflito. Meu superego manipulou a situação de tal modo que sua voz conservadora e aferrada a regras seja sempre a primeira a responder.

Imagine que seu primeiro exame "do que é" que inicia toda experiência tenha diversas soluções distribuídas da mais arriscada à mais segura. Seu superego sempre se orientará para a área segura. A resposta mais segura é defensiva e conservadora. Todas as suas possibilidades criativas, intempestivas e arriscadas são eliminadas de imediato. Você nem consegue vê-las porque seu superego já o precipitou numa conclusão conservadora. Talvez o superego esteja certo e não seja hora de correr riscos, mas essa não é uma decisão que você mesmo deve tomar?

Quer testar isso? Dê um tempo e veja o que acontece. Na próxima vez que você se surpreender num conflito com seu chefe, parceira, amigo ou familiar, à medida que sua raiva aumenta e você percebe que seus lábios começam a formular uma defesa, pare. Espere alguns segundos e olhe ao redor. Pergunte a si mesmo o que mais está na sala ou nas palavras ou motivações de seu antagonista. Veja se você deixou passar alguma coisa. Apenas desacelerando, em geral você abranda um pouco a situação. Você removeu a urgência e restabeleceu a possibilidade de objetividade, de correr riscos e não responder como sempre respondeu no passado. É legal, mas não é mágica. Você ainda pode irritar a pessoa com quem está em conflito com as primeiras dezenas de vezes que faz uma pausa. Por fim, você pode observar que a abordagem-padrão do superego começa a se desgastar (e a desaparecer). Você pode inclusive acabar transigindo, concordando com mais frequência e percebendo que a maioria das ameaças é falsa. E muito possivelmente o mundo poderá começar a parecer um lugar mais seguro e mais aprazível, o que poderá ser a mudança mais maravilhosa de todas.

SETE

DOMESTIQUE O PARASITA

Chega de explicações. Concordemos que temos uma ideia rudimentar de como nosso superego nos mantém sob seu domínio. Mas onde exatamente estávamos ao abordar a questão da domesticação do otário? Paramos em dois exercícios: o primeiro e mais importante é o esforço contínuo de observá-lo em ação. Sempre que me dou conta de que meu superego diz que tenho um defeito, aproveito a oportunidade para questionar sua exatidão. Tudo o que tenho a fazer é dizer: "Ah, esse é o meu superego"; com isso, abre-se a possibilidade de que o ponto de vista seja distorcido. O ponto de vista do superego é *sempre* suspeito. O segundo exercício é manter um diálogo direto e prolongado com o parasita. Vamos sugerir algumas dicas, mas a decisão sempre cabe a você. Você pode decidir sobre o que deseja conversar com o superego. Trata-se do seu corpo e de você mesmo, e provavelmente você conhece melhor o que o perturba.

À medida que escutar com mais atenção, perceberá que o superego se dirige a você como a uma criança patética e desamparada. Mas você não é isso. Você é um adulto totalmente desenvolvido. Entretanto, você e todas as pessoas deixaram-se infantilizar por um superego. Pior ainda, o parasita multiplica a condição de imaturidade com o acréscimo de qualificativos depreciativos, como o de que você é essencialmente imbecil, inútil e indigno de ser amado. Não acredite apenas na minha palavra. Chame seu superego – arranque-o de onde está escondido e coloque-o diante de você, olho no olho – e interrogue-o pessoalmente.

"Você acha que sou capaz de dirigir o espetáculo sem você?"

Você pode adivinhar como a maioria dos superegos responde a essa pergunta. "Claro que não", revirando os olhos.

Continue com: ***"Como você sabe se nunca me deixa fazer isso?"***.

Normalmente, o superego responderá contando uma história de fracasso, como: "Basta ver como você se deu mal e reprovou no segundo ano da faculdade"; ou "Acho que dois divórcios não são suficientes"; ou "E a confusão toda que você criou no seu último emprego?".

Responda com: ***"Mas na época era você que dirigia o espetáculo, não? Então, não é culpa sua?"***.

A maioria dos superegos fica em silêncio nesse momento. Alguns vão testar seu hospedeiro com mais exemplos ou com uma recusa obstinada de não aceitar a responsabilidade pelos fracassos. Não fique frustrado. Mantenha-se firme. Você tem o direito de estar no controle. Internamente, você pode sentir pena do superego por ter tanto medo de mudanças. Mas, externamente, mostre respeito. Você quer evitar o ciclo agressor/vítima que sempre foi estratagema dele. Se o seu superego continuar irredutível nesse ponto, simplesmente desligue-o mentalmente e passe para o diálogo seguinte.

> ***"Vamos concordar que não sabemos realmente como será para mim assumir o controle. Isso foi antes. Isto é agora. Você concordou com o experimento na última vez que conversamos. Sei que é difícil para você. Você tem anos no controle. Então, de novo, você poderia se afastar para que eu possa assumir o controle por um tempo?"***

Ao agir como se tivesse maturidade e conhecimento superiores, o superego questiona o valor do seu hospedeiro. Do ponto de vista do superego, uma criança não tem valor social atual. Uma criança é impotente e improdutiva. Ele está interessado apenas na produtividade; atividades de introspecção e brincadeira são consideradas perda de tempo. Para o superego, o valor deriva de fatores externos. Tudo o que importa para ele é o papel produtivo que você desempenha na sociedade. Ele lança os insultos "preguiçoso" e "procrastinador" para reforçar a visão de valor dele e os associa à imaturidade.

Você se repreende por ser preguiçoso? Por assistir muito à TV, talvez? Ou por procrastinar? Por adiar o uso do aspirador por mais um dia? Desculpe-me, e pense por um segundo em como isso é estranho. Em termos morais, éticos ou legais, o que há de errado em querer assistir à TV e satisfazer esse desejo? Em esperar mais um dia para passar o aspirador de pó? No entanto, quase todos nós concordamos que a preguiça é um dos sete pecados capitais.

Se você ouvir atentamente o seu superego, ele franze a testa toda vez que você escolhe a TV em vez dos afazeres domésticos, ou suas fantasias em vez de se entregar às tarefas pendentes. Ele não tem equilíbrio. É um fanático raivoso, um criador de regras idiota e repetitivo. Se não está sendo produtivo, você não tem valor, é infantil. Você só tem valor à medida que provê à sociedade. Seu valor é o seu trabalho.

Que desgosto seria se fosse verdade. Como poderíamos saborear a vida se não fosse o nosso fascínio simples, improdutivo, pelo mundo agitado e colorido?

À medida que o seu superego adota e lhe passa as regras da sociedade, uma após a outra, ele lhe fornece guias de produtividade, ou degraus hierárquicos de valor. Nós os chamamos de identidades. Qualquer coisa que completa a frase "Eu sou..." é uma identidade. Veja algumas identidades comuns: mãe ou pai, filho ou filha, trabalhador, estudante, vegetariano, cisgênero, não binário, atleta, líder, seguidor, cristão, muçulmano, amigável, durão, nadador, preguiçoso, amante da natureza, buscador espiritual e assim por diante. Cada uma vem com sua própria escala socialmente imposta. Sou uma mãe boa ou má? Dificilmente alguém se considera uma mãe medíocre; quase toda mãe quer ser uma mãe de primeira linha. Sou um atleta da várzea ou profissional? Eu me distingo no amor à natureza ou estou apenas entre os medianos? E então me desafio: Quantas espécies de árvores nativas posso citar? Quantas noites acampei nos campos da serra ou nas enseadas do mar? *Tudo* se insere numa escala.

Vivemos numa era de identidades. De que lado você está nas guerras culturais? Nas guerras partidárias? Que valor você atribui à política de identidade? Como mulher, que posição ocupo na sociedade? Qual deveria ocupar? Tenho o dever de repreender os carnívoros da minha família? Que carro da moda devo comprar? Deve ser elétrico ou o híbrido já é o suficiente? Tenho um grande número de seguidores nas redes sociais? Essas são questões complicadas. Seu superego se apodera delas e as usa para seus propósitos nefastos.

Na minha opinião, a nossa tarefa espiritual mais difícil é livrar-nos da força defensiva das identidades. Grande parte do trabalho do meu ego consiste em criar e manter identidades. Grande parte do meu ódio por mim mesmo deriva da incapacidade dessas identidades de me proporcionar paz. Na verdade, elas fazem o contrário. Minhas identidades estruturadas exigem manutenção e acréscimos constantes, e todas elas me separam dos outros. Elas podem criar círculos de confiança, mas, ao mesmo tempo, reforçam a desconfiança em relação a um número muito maior de pessoas fora do círculo temporário. As identidades me asseguram contrapartes em que posso me espelhar, contudo à custa da exclusão de todas as outras. Minhas identidades estão sob constante ameaça do mundo exterior e exigem minha mais estrita vigilância e o melhor equipamento de proteção.

Praticamente todos nós, porém, acreditamos que as nossas identidades são quem somos e constituem parte integrante do nosso modo de ser no mundo. Eu não me tornaria uma mancha incômoda e desagradável se não fosse por minhas identidades, os aspectos que mostro ao mundo?

Ei-las: no meu caso, sem nenhuma ordem específica, sou um escritor escolarizado, pai, marido, irmão, filho, carnívoro, sabe-tudo debochado, homem cisgênero, amante da música, esteta, jardineiro, narcisista, orientador espiritual, buscador, cozinheiro, dono de carro, esquerdista, leitor, boa-vida, ciclista e torcedor do San Francisco Giants. Cada um dos substantivos e adjetivos é uma identidade que carrego comigo. Digo isso porque posso terminar as frases "Eu sou..." ou "Eu sou um..." com qualquer uma dessas palavras. Você tem sua própria lista. A maioria desses atributos parece favorável, mas é de fato?

Tomemos um exemplo da identidade favorita de todos, a boa mãe, e vejamos como ela se torna distorcida quando exposta ao microscópio.

Como a maioria das mães, minha cliente Margie se preocupa com suas decisões maternais. Com quatorze anos, sua filha Amy desenvolveu um "pneuzinho" que se projeta da barriga desnuda. No caminho do *shopping* para casa, Amy está silenciosa e taciturna. Aparentemente, Margie não foi tão sutil quanto poderia ter sido ao afastar a filha das prateleiras de produtos calóricos. "Burra", pensa Margie consigo mesma. "Sou igual à minha mãe. Sei que não deveria envergonhar minha filha, mas fiz isso. Magoei os sentimentos dela e é tudo culpa minha."

Margie passa o resto da tarde remoendo suas preocupações. "Isso é péssimo", pensa. "Se eu não me controlar, a autoestima de Amy vai desabar. Ela vai começar a se sair mal na escola e provavelmente usar drogas. Eu me pergunto se ela já experimentou drogas. Na idade dela, eu já havia usado. Não sou uma boa mãe. Não sou o tipo de mãe em quem uma garota pode confiar. Sou muito ruim nisso. Preciso de ajuda."

Margie precisa de ajuda, sem dúvida, mas não do tipo que ela imagina.

No dia seguinte, ela me liga *on-line* para nosso encontro semanal. Seu superego tem a forma de uma bola de futebol vermelha que parece ter uma carranca eterna em sua cara de desenho animado. Ela tem falado sobre isso regularmente em nossas sessões.

"Tudo bem, bola de futebol", diz ela, trazendo-o de detrás do couro cabeludo. "Por que você acha que precisa me dizer que sou uma mãe ruim?"

"Porque você é", ele responde.

"Eu cometo erros, mas isso não faz de mim uma mãe ruim."

"Eu não disse que fez", ele diz.

"Então, do que me adianta ouvir você dizer que não sou boa mãe?"

"Porque, se eu não dissesse, você cometeria ainda mais erros."

"Então, você acha que não posso aprender com meus erros sem você?"

"Você nunca aprendeu."

"Você nunca me deu a oportunidade de mostrar que posso."

"E daí?"

"E daí, lembre-se do nosso acordo. Você deveria se afastar por um tempo e ver o que acontece quando eu dirijo o espetáculo sem sua punição sarcástica. Se você acha que sou uma mãe ruim, por exemplo, quero que guarde isso para si. Você pode fazer isso?"

A bola de futebol vermelha não diz nada.

"Preciso ouvir um sim afirmativo."

"Tudo bem."

"Não, isso não é suficiente. Eu preciso de um sim. Eu preciso que você fale sério, de verdade. Você vai se afastar?"

"Sim."

"Obrigada. E obrigada novamente por salvar minha vida quando eu era uma criança."

Obviamente, Amy não deveria sentir vergonha por ter engordado. Vivemos numa época em que a cultura joga com essa possibilidade; as mães aprendem os procedimentos corretos mais recentes ao conversar com as filhas sobre padrões de beleza. Ignoraremos aqui que algumas regras mudam a um ritmo vertiginoso. Porém, todos concordamos que envergonhar-se da gordura é ruim. O que é menos óbvio, mas igualmente verdadeiro, é que Margie não deveria afligir-se por ter ferido os sentimentos da filha. Além disso, não deveria ressentir-se de ser uma mãe imperfeita. Todos nós ferimos os sentimentos uns dos outros, e todas as mães são mães imperfeitas. Na pior das hipóteses, Margie cometeu um deslize na loja. Na pior das hipóteses, a sua filha percebeu mais uma vez que os adultos impõem muitas expectativas sociais às crianças. Demos à mãe e à filha o benefício da dúvida. Um erro não é um pecado. E dificilmente um erro leva a desastres catastróficos. O antigo provérbio "Por falta de um prego, perdeu-se o sapato; por falta da ferradura, perdeu-se o cavalo..." não define como as guerras são resolvidas nem como o mundo de fato funciona.

Na infância, durante o aprendizado das regras, errar é comum, pois a capacidade de prever as consequências das ações ainda é pequena. Mas, aos dezoito anos, quase todos nós chegamos a um bom nível de desenvolvimento. Somos todos 80%, como mostra o escritor David Roche em seu divertido *Church of Eighty Percent Sincerity* ["Igreja dos Oitenta Por Cento de Sinceridade"]. Calculamos bem. Os 80% são suficientes. Os 20% em que falhamos – por ignorância, teimosia ou, muito provavelmente, por não perceber uma variável conflitante – não merecem sentir vergonha. É simplesmente a humilhante realidade de que não somos nem de longe perfeitos em prever o futuro.

Será que, no caminho do *shopping* para casa, Margie pensa que é uma mãe 80% que às vezes pode errar? Absolutamente não. Por que não? Porque sua bola de futebol vermelha não deixa. Ao inventar um cenário ridículo de consequências catastróficas resultantes de comportamentos equivocados, Margie se vê em constante confronto com a vergonha. Além disso, a bola de futebol vermelha reforça a regra de que Margie não pode ferir os sentimentos da filha. Boas mães não ferem os sentimentos dos filhos. Mães ruins é que fazem isso. Câmbio e desligo.

Todos nós nos aborrecemos e decepcionamos. Margie, às vezes, machuca os sentimentos da filha. Amy, às vezes, machuca os sentimentos da mãe. Normalmente – nem sempre, é claro – um sentimento ferido é uma reação exagerada a um erro ou a um mal-entendido. A pessoa ferida não consegue dar ao chamado agressor o benefício da dúvida. Lamentavelmente, todos estão sempre fazendo o melhor que podem, e todos os seus chamados ataques estão enraizados numa atitude defensiva preocupante. Mas o superego, que aplica as regras, interfere e atribui a culpa. Isso é necessário na sociedade para que, supostamente, a ordem seja preservada. As infrações merecem ser motivo de vergonha ou, pelo menos, receber um reforço negativo.

Mas o que exatamente é um sentimento ferido? Como um sentimento, que não tem substância, pode ser "ferido"? Como sempre, o superego serve-se da linguagem física de sobrevivência e a impõe a mim. Agora tenho a falsa aparência de uma dor física, de alguma forma transferida magicamente para um conjunto de possíveis estados emocionais que armazenei na memória. Que tipo de alquimia é esse?

No final das contas, Margie talvez queira perguntar à sua bola de futebol vermelha por que ela não deixa os chamados sentimentos feridos apenas baterem e desviarem-se. Por que usa palavras como dor, mágoa e lesão para pensamentos efêmeros que não causam nenhuma dor física? Antes de eu ofender ainda mais a sua sensibilidade, deixe-me acrescentar algumas advertências. Primeira, palavras maldosas não ajudam. Ser maldoso não ajuda. Não ser empático não ajuda. Concordo totalmente com você nesse aspecto. Além disso, podem muito bem ocorrer momentos em que emoções negativas levam a resultados físicos negativos: teorias de fracasso, síndrome do coração partido e estudos neurológicos relacionando emoções a respostas físicas estão na moda. Aqui, porém, estou falando de sentimentos feridos cotidianos e comuns, do tipo que leva à canção infantil "Paus e pedras podem quebrar meus ossos, mas palavras não me machucam". Creio que podemos todos pelo menos concordar que palavras por si sós não quebram ossos. Mas usamos palavras derivadas de estados físicos – "ferida emocional" e "dor emocional", por exemplo – como se as entendêssemos operando com a mesma mecânica que as coisas que quebram ossos, e simplesmente não quebram.

Vejamos outro exemplo de como identidades podem ser obstáculos problemáticos. Uma rubrica comum em nossa cultura é a da pessoa que entra na idade adulta buscando fama, riqueza ou poder – ou uma mistura dos três. Por uma mania nacional em torno de algo chamado "liderança", alunos de todas as escolas são incentivados a almejar fama, riqueza e poder.

Meu cliente Dave se saiu bem nas aulas de inglês durante todo o Ensino Médio. Os professores lhe disseram que ele era um "bom escritor", que era "talentoso". Ele ganhou um prêmio escolar. Escrever tornou-se sua praia; a maioria dos estudantes do Ensino Médio tem "uma praia". Na faculdade, ele decidiu se concentrar na sua praia. Estudou redação e disciplinas afins – literatura, teatro, psicologia – e aprendeu muito. Acumulou conhecimento prático e passou a ver a escrita não tanto como um talento, mas como um ato de perseverança apoiado na excelência técnica. Como a maioria das dezenas de milhares de estudantes universitários de redação que se formam todos os anos, seu sonho era publicar um romance ou roteiro, talvez o Grande Romance Americano ou um vencedor do Oscar. Escrever romances é um caminho para a fama, como o basquete, Hollywood ou o jornalismo televisivo.

Depois da faculdade, Dave conseguiu um emprego como redator de textos para uma agência de publicidade, ganhando US$ 45 mil no primeiro ano, com o acréscimo de mais seis dígitos depois de cinco anos. Ele alcançou estabilidade financeira antes dos trinta anos e esperava encontrar uma esposa, ter filhos e desfrutar de uma casa no bairro, bem como comprar um bom carro, confiável, além de aproveitar merecidas e agradáveis férias todos os anos. O Sonho Americano. Trata-se do mesmo Sonho Americano, a propósito, seja você um novo imigrante ou um descendente do Mayflower. E não só americano. Padrão de vida é o único critério de sucesso que a maioria dos países adotou como objetivo último. Esse critério suplantou a maioria dos demais parâmetros de felicidade para o maior número de pessoas possível no mundo inteiro. Supostamente, isso é bom para a espécie, mas não necessariamente bom para o indivíduo.

Dave está feliz com suas escolhas? Absolutamente não. Seu superego o critica continuamente. Para lidar com o desconforto que o acompanha, Dave adotou o método gestáltico de conversar com seu superego durante nossa sessão. Ele chama seu superego de "Chewy", por parecer uma versão hostil do Chewbacca, da série Star Wars, todo pelos e focinho. Ele traz Chewy da nuca para a frente e se dirige a ele com firmeza, mas sem raiva.

> **"Sou solteiro. Economizei algum dinheiro. Por que não posso parar o que estou fazendo e escrever um romance?"**
>
> **"Essa é uma ideia idiota", diz Chewy.**
>
> **"O que há de idiota em fazer algo que eu sempre quis fazer?"**
>
> **"Muitas coisas."**
>
> **"Como o quê?"**
>
> **"Você está tendo sucesso em sua área. Não quer jogar tudo isso fora, quer?"**
>
> **"Estou falando em parar por um tempo, não necessariamente para sempre."**
>
> **"Boa sorte em seu retorno."**

Dave pensa por um segundo. **"Você tem razão. Isso pode me custar uma promoção e talvez eu tenha de descer um nível quando voltar. Mas acho que vale a pena."**

Chewy sorri sarcástico.

"O que o faz pensar que não vale a pena?"

"Eu conheço você. Você quer fazer isso há anos e nunca fez. O que o leva a pensar que fará agora?"

"Boa pergunta", diz Dave. "Mas não posso saber se não tentar, posso?"

"Por que não tentou antes? Porque você falharia."

"De fato", diz Dave, "não tentei antes porque você sempre me disse para não fazer isso. O único que parece ter certeza de que vou falhar é você."

Chewy não diz nada.

"Se eu fizer isso, vou precisar do seu apoio. Você precisa parar de me dizer que preciso voltar ao meu trabalho normal e ao meu salário."

"Por que eu pararia? Você está interessado num sonho impossível, não na realidade. Estou aqui para mantê-lo com os pés no chão."

"O que faz você pensar que sabe mais do que eu?"

"Eu sou realista. Quais são as possibilidades de você terminar um romance? E mesmo se terminar, quais são as possibilidades de que seja bom? E mesmo se for bom, quais são as possibilidades de conseguir publicá-lo? E mesmo se for publicado, quais são as possibilidades de vender mil exemplares? E mesmo se vender mil exemplares, quais são as possibilidades de receber boas críticas?"

"As probabilidades são baixas em todos os aspectos. Reconheço", diz Dave. "Mas talvez eu aprenda algo sobre mim ao longo do processo."

"Talvez sim, talvez não. Não posso apoiá-lo nesse sonho ridículo e impossível."

Dave diz: **"Não preciso do seu apoio. Só preciso que você saia do caminho enquanto faço o que devo".**
Chewy olha para ele.

"Preciso que você me deixe cometer meus próprios erros agora, Chewy. Você pode fazer isso?"

Chewy levanta os olhos.

"Chewy, você precisa concordar em se afastar um pouco e me deixar fazer isso sem suas advertências. Você vai fazer isso?"

Chewy diz: **"Tudo bem, mas é o seu funeral".**
"Não, Chewy, preciso de uma afirmação simples e positiva de que você vai sair do meu caminho e me deixar comandar esse espetáculo."

"Sim. Eu vou."

"Obrigado. E obrigado por salvar minha vida quando eu era criança."

Isso é tudo. Claro, Chewy não vai calar a boca tão facilmente. Mas com o tempo, se Dave se mantiver atento ao comportamento e às mensagens de Chewy, elas se tornarão mais silenciosas e menos frequentes. Dave pode inclusive conseguir escrever seu romance.

OITO

SIGA SEU NARIZ PARA A LIBERDADE

Como seria a vida sem um superego? Como você poderia viver numa consciência externalizada? Quem o guiaria entre certo e errado, entre bem e mal?

O superego gosta de pensar que tem a última palavra. Ao se autodeclarar sua consciência ou mentor ético, ele sugere que, deixado por sua conta, você seria uma pessoa pior tomando decisões prejudiciais. Mas com que autoridade ele legisla? Com sua própria autoridade!

O superego de Anna parece uma gerente prepotente que ela teve uma vez, uma mulher ruim a quem se refere como Flo.

A voz de Flo se assemelha à da mãe de Anna. Durante uma sessão, Anna interrogou Flo sobre sua atitude de superioridade.

"O que a faz pensar que é melhor do que eu, Flo?"

"Eu vi suas mancadas."

"Mas não era você que dirigia o espetáculo nessas ocasiões?"

Sem resposta.

"Por favor, responda, Flo. Não era você que dirigia o espetáculo quando eu fazia besteiras?"

"Você não sabe o que está fazendo."

"Flo, não fuja da pergunta. Eu preciso de uma resposta. Você não estava dirigindo o espetáculo quando eu fazia besteiras?"

"Sim, mas você não me dava ouvidos."

"Não tenho certeza se isso é verdade, Flo. Duvido de que você esteja sempre certa."

"Estou mais certa do que você", retruca Flo.

"Pode ser. Mas como posso saber se não dirijo o espetáculo eu mesma?"

"Não vai dar certo. Eu conheço você."

A conversa de Anna com Flo é bem típica. Quase todos os superegos que conheci responderam às perguntas da mesma maneira. Na verdade, o superego não pode citar nenhuma autoridade superior por seu conhecimento ou orientação. O superego é um fac-símile de uma pessoa e não tem a sofisticação da autorreflexão ou da análise intelectual comum. Ele aprendeu a imitar as convenções sociais com precisão e simplesmente as repete como um papagaio, sem qualquer preocupação com sua origem, aplicabilidade ou necessidade. Ao aderir a regras imunes ao risco, ele pode pretender um registo de adequação geral, qualquer que seja o valor que isso possa ter. Mas falta-lhe toda legitimação de autoridade, sem a qual não é possível nenhuma associação com um senso maior de verdade. Ele tem uma atitude de superioridade que é sustentada unicamente por suas próprias formas de intimidação.

Em torno da conclusão do Ensino Médio, você já havia alcançado um nível de sofisticação muito mais elevado do que qualquer superego. Você sabia mais, era capaz de refletir sobre a vida melhor do que o seu superego e havia absorvido todas as estratégias importantes para tomar decisões e se comunicar com as pessoas. Você também pode ter testado algumas regras e descoberto que a sociedade era bem eficiente em exigir o cumprimento de suas regras. Algumas multas por excesso de velocidade fazem o motorista acelerar menos. Você conhece as regras e sabe o que acontece quando as transgride. Então, por que quase todo mundo entrega a arbitragem derradeira a um valentão convencido?

A resposta tem algo a ver com as complicações da civilização. Certos comportamentos bizarros exigem um grande número de regras. Em especial, uma gigantesca máquina social exige uma hierarquia – na verdade, uma infinidade de hierarquias –, e cada uma delas imita uma hierarquia biológica, mas consome muito mais tempo e é exigente. E para estimular você a aceitar os muitos papéis e posições decepcionantes que uma vida aculturada requer, a civilização teve de encontrar uma forma de reprimir seus impulsos de entusiasmo pessoal e reduzi-lo a um cumpridor de regras.

De modo particular, por intermédio do seu superego, a cultura incutiu em você um mito que o ajuda a acreditar que, não fosse pela intervenção do seu superego, você fracassaria. Esse mito se encontra em todas as chamadas culturas civilizadas. É um mito que excede o menosprezo a você; ele o leva ao reino do pavor mais completo. É o mito da "má semente".

Conforme cristãos e judeus podem ler no Livro do Gênesis, com cognatos em outras religiões, a ideia é esta: Deus criou Adão e Eva à Sua imagem e semelhança, e tudo corria bem – *tudo era muito bom* – enquanto estavam em seu estado natural. Eles não tinham muitas regras. Viviam com simplicidade, quase como crianças, apenas apanhando coisas, manuseando-as e analisando-as. Teria sido um mundo agradável e livre de preocupações para eles, sem praticamente nenhuma necessidade de memória ou de capacidade de planejamento. Então, um deles desobedeceu à única regra – não comer a maçã –, e o inferno começou. Mas espere um instante. Adão e Eva viviam como crianças de dois anos de idade, certo? Que criança não experimentaria a maçã, especialmente se lhe dissessem para não comê-la? Expulsar Adão e Eva do Éden parece uma reação excessiva. Quem privaria a filha de dois anos de um futuro feliz só porque ela tocou a chama do fogão uma vez? Deus deve ter reagido não a um incidente específico – a maçã em questão –, mas a um defeito de caráter inato nos humanos que ele estava apenas esperando que se revelasse. Caso contrário, a história não faz sentido.

Quando Agostinho e outros filósofos cristãos antigos compreenderam a história dessa forma, inventaram o termo "pecado original". Como nascemos com a mácula do pecado original, não podemos confiar em nossos próprios recursos. Supostamente, precisamos de um superego cultural e de uma versão pessoal desse superego, que foi inicialmente descrito como uma consciência universal – digamos, os Dez Mandamentos – e em séculos mais recentes evoluiu para algo chamado consciência pessoal. (Não que o termo "consciência pessoal" faça muito sentido quando se pensa no assunto.) Seja como for, esse superego afirma que precisamos de uma camada de ética internalizada, e por termos uma tendência alternativa a pecar, às vezes ele precisa ser um valentão mal-humorado, ameaçando punição se não consegue o que quer. Da mesma forma, para Freud, o *id* é um centro potencialmente pecaminoso que precisa de um contrapeso.

É compreensível que todos acreditem nessas noções. Supostamente, elas mantêm os "trens funcionando no horário". Porém, o que dizer se o pecado original, as más sementes e a supressão do mal forem invenções mitológicas? O que dizer se a natureza verdadeira, da perspectiva dos humanos em suas culturas, não estiver envolvida em guerras morais, mas for basicamente orientada para o bem? Seria possível haver cooperação humana em larga escala, e mesmo leis e normas sofisticadas e civilizações industrializadas, sem a necessidade de superegos dirigindo o espetáculo para cada cidadão deste mundo?

Esta não é uma questão utópica. Meus clientes e eu, e muitas outras pessoas, já compreendemos que as crianças podem aprender tão bem o certo e o errado, o bem e o mal, que, na maturidade, uma pessoa pode tomar decisões de acordo com os ditames das leis humanas pelo resto da vida. E sem recorrer a um superego. As pessoas descobrem que não precisam de uma voz externa que lhes lembre o que é certo e o que fazer. Se você é uma pessoa madura, talvez não precise de um superego. E quanto às chamadas exceções, as pessoas que simplesmente não conseguem cumprir as leis – em razão de doenças mentais ou outras condições –, os seus superegos, de qualquer forma, são ineficazes. Para nós que em grande maioria adotamos responsabilidades culturais, a constatação é que, como adultos, somos perfeitamente hábeis para conduzir a nossa própria vida de uma forma segura e saudável, sem a presença de um valentão causador de intrigas por perto.

Para Anna, foram necessárias apenas algumas rodadas com Flo em sessões de Gestalt para começar a se sentir mais relaxada em sua vida cotidiana. O incômodo na nuca de Anna persistia, porém bem mais brando. Flo não se aposentou completamente, no entanto, às vezes, sumia por alguns dias e, quando voltava, Anna sabia o que fazer.

"Ah, é você, Flo", dizia para si mesma. "Obrigada, mas não preciso de você agora."

Os cientistas parecem não conseguir resolver se a fome é uma emoção ou uma sensação. Eu tenho um desejo mental de comida, independentemente das necessidades do meu corpo, ou a fome é um gatilho instintivo que me faz encher a barriga? Ou as chamadas pontadas são apenas a sensação sentida que acompanha uma barriga vazia? Somente pessoas civilizadas com mercadinhos próximos poderiam fazer perguntas assim. Antes de o estoque de alimentos se tornar comum, a ideia de três refeições por dia era ridícula. A comida era consumida à medida que chegava, devorada à farta se fosse abundante, racionada se fosse escassa. Fome era fome mesmo – uma ameaça existencial comum que indicava o momento de pegar as lanças e ir à caça de um ou dois roedores.

Como pessoa civilizada cujas necessidades de sobrevivência são consistentemente satisfeitas, estou pouco interessado na minha fome. As rotas de navegação, os produtos e a carne transportados em caminhões significam que não dependo do clima e da topografia locais para proteger meus semelhantes da fome. Mas a questão oposta me intriga: a *satisfação* é uma emoção ou uma sensação? Será ela o prazer mental das consequências que me afetam? Ou será a sensação de barriga cheia? O que dizer se tudo o que sei sobre satisfação derivar do meu estômago satisfatoriamente forrado? Não estou brincando. É possível que, sempre que algo me satisfaça, como um filme, um livro, uma parceira ou uma tarefa, seja apenas meu corpo dizendo: "Obrigado, eu precisava daquele hambúrguer", e reconhecendo que as preocupações de sobrevivência da minha barriga foram atendidas.

Depois de lidar um pouco com os problemas do seu superego, talvez você descubra que não é *você* quem quase sempre está insatisfeito; é o seu parasita. Então, talvez comece a se perguntar a respeito da ideia de insatisfação. O que ela significa? De onde ela vem? Por que não posso estar satisfeito o tempo todo? Por que é tão mais fácil enredar-se com a insatisfação do que sentir-se bem?

Examine-se neste exato momento. Você precisa de alguma coisa? Quero dizer, agora mesmo, sentado em sua cadeira ou deitado em sua cama, lendo esta frase. Não daqui a uma hora, mas neste instante. Asseguro-lhe que a resposta é não; você não precisa de nada neste segundo. Se está lendo estas palavras, você não está em perigo iminente de morte. Quando você associa a palavra "necessidade" a alguma coisa, significa que não consegue passar sem ela. Não há como contornar essa definição. Uma "necessidade" não é a mesma coisa que um "desejo". Se você "deseja" alguma coisa, ainda não lhe atribuiu uma necessidade. Então, neste momento, você pode querer alguma coisa, mas não precisa de nada, e eu adoraria se você prestasse atenção a isso. Deixe todas as coisas que você deseja, mas não necessita, dissiparem-se dos seus pensamentos por um momento. Neste exato momento, você está protegido das intempéries, não está morrendo de fome e não está sendo assaltado à mão armada. Suas necessidades estão atendidas. Para todos numa sociedade civilizada, o fato de não precisar de nada abrange cerca de 99,9% dos momentos conscientes da nossa vida. No entanto, em vez de reconhecer que estamos 99,9% satisfeitos, queixamo-nos de que a vida está constantemente nos decepcionando.

Se pensar bem, você deve achar tudo isso muito estranho. Pare por um segundo. Você precisa de alguma coisa agora? Neste segundo? Se você não precisa de nada neste segundo, por que não se sente feliz, ou pelo menos satisfeito, mesmo pelo piscar de olhos de que estamos falando?

Infelizmente, ninguém em Hollywood, na Madison Avenue ou na sua família imediata vai lembrá-lo nesta semana de que você está satisfeito, de que o mundo lá fora está bem ou de que você está bem como está. Tais afirmações "polianistas" não seriam produtivas, de acordo com as máximas recorrentes de que trabalho duro e altruísmo são benéficos para você. É também o único caminho conhecido de seu parasita pessoal. Enquanto seu superego sussurrar pequenas insatisfações, você não terá espaço para perceber como tudo está bem neste preciso momento.

Com que frequência você fica inquieto? Quantas vezes por dia você pensa em fazer outra coisa além de ficar onde está? Qual seria a sensação de aceitar o mundo como ele chega até você, em vez de sempre tentar manipulá-lo para criar um ambiente melhor ou mais satisfatório? Estamos chegando ao cerne do problema do autoaperfeiçoamento. Talvez não seja uma ideia tão boa. Talvez visualizar um eu melhor, um eu mais auspicioso ou um eu mais satisfeito não valha a pena. E se eu estiver apenas me preparando para mais uma rodada de insatisfações, quando descobrir que o novo e feliz eu também definha?

Tudo o que estou dizendo é que pode ser mais simples e eficaz remover suas vendas em vez de substituí-las por um conjunto mais rosado.

Em meados da década de 1990, trabalhei para uma empresa de franquia que mais tarde se tornou o grupo hoteleiro Wyndham. Fui gerente de relações públicas da Ramada Inns e depois generalista da *holding*, que além de franquias de hotéis de baixo custo também possuía locadoras de veículos e marcas imobiliárias.

O grupo Wyndham foi estruturado e unificado por um executivo "mestre do universo" de Wall Street chamado Henry Silverman. Sem fazer alarde, ele administrou as operações dessa empresa gigantesca de uma maneira que teria causado ataques cardíacos a todos os demais CEOs para quem trabalhei.

Havia uma norma predominante, tão impregnada na cultura da empresa que nem chegava a ser expressa: se alguém lhe pedisse que fizesse alguma coisa, você simplesmente fazia; ponto final. Parece autoritária essa norma, não? Sem dúvida, a não ser pelo fato de que "alguém" podia ser um nome e cargo no organograma acima de você, abaixo de você, perto de você ou muito, muito longe de você. *Qualquer um* podia pedir que eu fizesse alguma coisa, e a expectativa era de que eu fizesse. Era impressionante.

O que Henry Silverman descobriu e que ninguém se preocupou em testar foi que as pessoas são justas por natureza. Elas sabem que, depois de lhe pedirem alguma coisa e você as atender, você adquiriu o mesmo direito de pedir algo em troca. Estabelece-se um sistema *quid pro quo* ("algo em troca de algo") natural, um sistema de compensação. Como as pessoas gananciosas são também as mais mesquinhas, elas aprendem rapidamente que é melhor não pedir demais, porque vão gerar um grande número de tarefas indesejadas para si mesmas. Wyndham provou que "Apenas Diga Sim" funciona perfeitamente num ambiente corporativo matricial.

Na época, eu provavelmente era a 400ª pessoa mais importante na empresa. De modo geral, os escalões mais baixos não têm permissão para falar com o CEO, nunca. Mas, no sistema Wyndham, quando eu precisava da aprovação do CEO para um artigo de relações públicas, eu não o enviava para revisão do meu chefe e do chefe dele sem que antes uma secretária o examinasse e decidisse se deveria enviá-lo para outra pessoa ou para a mesa do CEO. Eu simplesmente tinha autorização do meu chefe para enviá-lo a Henry por fax e recebia sua assinatura de volta em menos de 45 minutos. Seu aparelho de fax ficava ao lado de sua mesa. Ele respondia imediatamente a qualquer documento que lhe chegasse. O achatamento da hierarquia só tinha sucesso porque o sistema de compensação nos conectava numa rede fascinante da qual todos nos orgulhávamos. O sistema não apresentava resistência e, por alguma estranha razão, se tornou extremamente inteligente. Sem a menor sombra de dúvida, essa foi a empresa mais bem administrada, mais autocorretiva e prazerosa para a qual trabalhei, e devo esclarecer que conheço por dentro e por fora inúmeras empresas públicas e privadas de porte médio para grande. A genialidade da Wyndham consistia em "Apenas Diga Sim".

Dez anos depois, eu aplicava o mesmo sistema a toda a minha vida e o resultado foi praticamente idêntico. Eu me obriguei a dizer sim a tudo o que podia durante seis meses. Havia mais atrito no sistema, claro, já que eu era o único envolvido no esquema. Meus amigos, colegas de trabalho e familiares, além dos desconhecidos que diariamente ajudam a atender às minhas necessidades, não participavam do meu projeto. Eles ainda deliberavam e pesavam as consequências de dizer sim. Mas, no final, nem isso importava.

Aprende-se muito ao não avaliar as consequências e apenas responder sim arbitrariamente a tudo. Por um lado, em geral, confia-se que outras pessoas tenham aproximadamente os mesmos interesses que nós e, assim, as coisas provavelmente funcionarão tão bem quanto se você sofresse com a escolha. Isso é humilhante. Mas também aprendi que no fim as consequências não importam muito. A conclusão de uma experiência é quase igual a outra. Uma acaba e outra nova logo surge. Parte da cantilena do planejamento é muito tempo desperdiçado em análises após o acontecido. Dizer sim o tempo todo reduz a necessidade de análises. Até certo ponto, deixamos de nos preocupar. E casualmente é mais seguro do que pensamos.

Depois de meu período experimental de seis meses dizendo sim nas minhas circunstâncias pessoais, tirei o pé do acelerador e me permiti dizer não novamente. O interessante é que agora digo "não" muito menos vezes do que antes do experimento. Aprendi a confiar nas ideias das pessoas com relação a mim e a deixar que decidam com mais frequência como devo ocupar meu tempo. De certo modo, hoje consigo ver minha vida através dos olhos de terceiros, o que às vezes me liberta. Quando Annie pediu um jardim de rosas na ocasião em que examinávamos a propriedade rústica e quase abandonada que compramos seis meses após o início do nosso relacionamento, sem pensar duas vezes, eu disse: "Tudo bem, posso fazer isso". Nunca fui jardineiro e não sabia nada de rosas. Mas gostei de dizer sim, especialmente para Annie. Quatro anos depois, estou cuidando sozinho de mais de 300 plantas ou grupos de plantas que incluem cerca de trinta roseiras, meia dúzia de árvores frutíferas, duas sequoias jovens, várias dezenas de espécies de flores perenes espalhadas pelo jardim, desde fúcsias e aves-do-paraíso até margaridas e azáleas, fileiras de tulipas e gladíolos, de narcisos e de outras flores de bulbo, centenas de gerânios e de arbustos floridos e rasteiros, gramíneas altas formando barreiras estéticas, camélias e rododendros da altura de árvores, vários oleandros venenosos delimitando a propriedade, bem como glicínias recobrindo cercas na frente e nos fundos, que também herdei, buganvílias elevando-se num dos lados da casa, dois gramados, dois grandes bordos japoneses, uma nogueira, papoulas-da-califórnia, centenas de rebentos brotando no outeiro atrás da horta, três mudas novas de abutilon extremamente delicadas, as favoritas de Annie, algumas videiras em árvores, cinco ou seis temperos, além de tomates--cereja, couves-de-bruxelas, alho-poró, arbustos de sálvia mexicana e uma boa variedade de suculentas e amores-perfeitos nativos. Cheguei a mencionar as rosas?

Se eu tivesse dito não quando Annie pediu casualmente um jardim de rosas, não estaria passando uma ou duas horas por dia apaixonado pelas plantas. Conhecendo Annie como conheço, outra pessoa estaria cuidando do jardim de rosas, ou seja, um jardineiro profissional. Não houve compulsão para eu fazer isso. Ela teria conseguido seu jardim de rosas. Eu apenas disse sim mecanicamente e imaginei que isso se resolveria por si só mais tarde.

Seguir meu nariz é mais do mesmo e vai muito além de apenas dizer sim. Seguir meu nariz não tem agenda. Eu faço o que aparece, aparentemente do nada, e não faz nenhum sentido, e não pode funcionar, e com certeza vou tropeçar num rio caudaloso e me afogar, e todavia...

Simplesmente seguindo meu nariz, não me decepciono nem me entusiasmo com o que acontece a mim, comigo ou ao meu redor. O que quer que aconteça tende a me animar. É material, no sentido de que uma história em quadrinhos tem material e posso ficar fascinado por ela. O momento seguinte é um tanto inesperado, mesmo que seja apenas notar os ângulos retos na minha nova impressora. Como não antecipei muito, tudo o que se destaca e é percebido parece desenrolar-se para mim com pouca interferência. Entendo que estou tomando decisões o tempo todo, tanto sobre o que prestar atenção quanto sobre se devo escovar os dentes, mas elas são tão leves que parecem mais entrar num jogo do que fazer uma previsão consequente, e eu sinceramente não percebo a decisão até que minha agenda daquele dia me encaminha para o dentista.

Tenho sorte de nunca ter valorizado meu tempo em demasia. Fazer uma coisa tem para mim quase o mesmo valor que fazer qualquer outra, mesmo que a primeira seja ver um filme e a segunda segurar a mão de uma pessoa que está morrendo. Isso pode lhe parecer grosseiro, como se eu não valorizasse mais a ternura do que as diversões tolas. Porém o que estou dizendo é que não valorizo o *tempo* de maneira diferente. Se estou numa diversão boba, não sinto que seja algo errado ou inútil. É onde por acaso me encontro e o momento fica tomado por seus próprios atrativos. O único período em que tive uma opinião diferente sobre o valor do tempo foi quando estava envolvido com a criação dos filhos; tudo que contribuísse para a saúde e o bem-estar deles parecia valer mais. Mas nunca aderi à ideia de que algumas atividades são perda de tempo ou distração. Com efeito, hoje acredito que a maior parte da minha vida produtiva tem sido uma distração da investigação do mundo como ele realmente é. Nenhuma das duas é necessária. Não espero encontrar um propósito e estou feliz por isso. Sou *produtivo* pelo bem da espécie – mantendo seres humanos robustos e se propagando. Eu *investigo o mundo* por fascínio – sendo atraído à verdade pela verdade e ao amor pelo amor. Hoje passo mais tempo neste último e, mesmo contrariando a intuição, também tenho a sorte de poder incorporar a verdade e o amor na minha vida produtiva.

Parte de seguir meu nariz consiste em render-me ao fato de que todas as experiências, o que significa todos os pensamentos e atividades, têm aproximadamente o mesmo peso. Quando sigo meu nariz o tempo todo, tudo dentro e fora parece leve, quase como uma pluma. A ilusão de profundidade desaparece. Acontece que os estados de ser divinos, como presença, não dualidade ou a sensação de assombro no topo da montanha, pelo menos para mim, são mais simples, mais permeáveis e mais fáceis de encontrar e desfrutar do que estados de ser habituais, de caráter social mais monótono. Eu me encolho um pouco quando ouço gurus e professores dizerem: "Vamos nos aprofundar". Embora as experiências espirituais possam certamente ser ricas, também são leves como uma pena.

Precisei liberar muita couraça defensiva, creio, antes que me ocorresse seguir meu nariz. De alguma forma, eu precisava acreditar que o rio interdependente poderia me arrastar com segurança e que, mesmo sem um mapa, eu poderia me orientar satisfatoriamente enquanto observasse a paisagem e me divertisse com o passeio.

NOVE

O MAL-ESTAR NA CIVILIZAÇÃO

Somos todos teólogos. Todos nós. Pense nisso por um segundo. Você já conheceu alguém que não estivesse interessado na existência de Deus? Até um agnóstico faz a pergunta: "Por que estou aqui? Qual é a minha relação com a existência? Sou apenas um erro aleatório, uma mera engrenagem num sistema impenetrável? Interessa a alguém como vivo a minha vida?". A maioria das pessoas deseja viver com propósito e valor. Para orientação, os ateus recorrem a ideais e valores humanos; os religiosos, às escrituras; e os espiritualistas, aos gurus. Todos fazendo as mesmas perguntas teológicas: Qual é a minha relação com o universo (Deus) e qual é a minha relação com outros humanos (não Deus)? O que eu controlo e o que preciso controlar? Teólogos, filósofos, cientistas sociais e até físicos fundamentam seu trabalho nessas questões. De modo geral, oferecem as mesmas respostas. O que quase ninguém se preocupa em observar é que as estruturas morais/éticas que sobreviveram à globalização mundial são praticamente as mesmas. Depois da Segunda Guerra Mundial, as Nações Unidas criaram um catálogo de direitos humanos convencionais – uma estrutura ética para as nações – que apenas as religiões ou movimentos espiritualistas mais fanáticos e periféricos contestariam. A maioria das nações assinou. Em 1993, no Parlamento das Religiões do Mundo, praticamente todas as religiões assinaram um acordo ético semelhante. Aparentemente, o jogo da ética não é tão difícil, visto que quase todos chegam às mesmas respostas corretas.

Você provavelmente acredita na Regra de Ouro: trate os outros como gostaria que os outros o tratassem. Quase tudo o que segue de qualquer estrutura ética é subtexto ou parágrafos e alíneas de exceções. Tenho certeza de que você aprendeu a Regra de Ouro e a repetiu dezenas de vezes quando era criança. Quantas vezes seu pai ou professor reagiu ao seu comportamento ofensivo dizendo: “Você gostaria que isso acontecesse com você?”.

Pensamos na ética como necessária para que os humanos se deem bem. Mas isso nem sempre foi assim. Se ainda vivêssemos em pequenos grupos tribais, em vez de grandes civilizações, hoje industrializadas, as ideias de equidade e justiça não seriam muito necessárias. Sem propriedade privada, a equidade se mantém discreta. Sem desconfiança, a justiça pouco aparece.

Durante muito tempo, os humanos provavelmente não precisaram de uma coletânea de regras para proteger a propriedade e aplicar a justiça. No seu livro *The World Until Yesterday: What Can We Learn from Traditional Societies?* ["O Mundo até Ontem: O que Podemos Aprender com as Sociedades Tradicionais?"], o antropólogo Jared Diamond descreve pequenos clãs tribais na Bolívia, no Brasil e na Nova Guiné funcionando sem autoridade central ou um sistema de justiça formal. Existem conflitos e regras, mas em número bem menor em comparação com os nossos. A grande maioria dos desentendimentos gira em torno da divisão de alimentos ou do adultério, que são interesses do *id*. E o assunto predominante dos mexericos gira em torno de pessoas conhecidas que caem de árvores, de animais predadores, da escassez de recursos e de outras questões de sobrevivência, também esferas do *id*.

À medida que as regras e os possíveis conflitos aumentaram com as civilizações, a maioria deles pouco relacionada com a sobrevivência, avolumou-se também o material sob controle do superego. Se você não pertence a uma tribo da Idade da Pedra e tem um teto sobre sua cabeça e algum alimento guardado na geladeira, é provável que passe quase toda a sua vida sob influência do superego, não do *id*.

Com todas essas regras para seguir, não preciso que o superego me acompanhe? Como sou produto da civilização, não é uma voz ética externalizada minha única proteção contra a violação ingênua ou maliciosa das regras? Na verdade, não, porque quando tenho cerca de dezessete anos, o superego já me preparou para praticamente qualquer coisa nova que aparecer em minha vida. Ele fez isso zelando pela minha memória, começando quando eu tinha em torno de cinco anos, antes mesmo que ela se desenvolvesse totalmente. Agora eu sei que você acredita em sua memória e pensa que ela lhe conta a história de sua vida. Mas e se a memória de uma pessoa não for um registo preciso dos acontecimentos de uma vida? E se, em vez disso, ela for um livro de contos morais, cada um deles concluindo com uma advertência ou uma recompensa? Em sua maioria, são histórias de medo e perigo a ser evitadas no futuro, com umas poucas agradáveis mencionando recompensas se pararmos de cometer erros tolos.

Nossas lembranças são a nossa educação moral em retrospecto, e as mais importantes são todas armazenadas antes de terminarmos o Ensino Médio. Daí em diante, elas estão disponíveis com ou sem um superego nos lembrando disso. Elas se tornam a base para nossas habilidades de reconhecimento de padrões éticos. Quando nos deparamos com uma questão ética – que em geral implica defender o que queremos ou ceder ao que outra pessoa quer –, a nossa mente tem uma resposta pré-mapeada na memória ou memórias relevantes. Tudo isso acontece sem muita atenção, como provavelmente ocorre com outros animais, embora para eles seja por associação, e não pelo princípio de causa e efeito. Acrescente a isso nossas habilidades de pensamento crítico e teremos um aparato sofisticado capaz de lidar sozinho com a maioria das decisões.

Além disso, provavelmente estou inclinado para o bem. Os povos tribais não precisam de sistemas de equidade e justiça porque não pararam de partilhar e confiar. Uma criança típica de três anos dará seu sanduíche de pasta de amendoim pelo menos duas vezes antes de perceber que ficou com fome. Além de partilhar e confiar, provavelmente também adotamos a compaixão e a empatia, a perseverança e a tranquilidade. No geral, o sistema humano que ocupa meu corpo provavelmente reverte para o que chamamos de "o bem". Meu eu pré-moral não é imoral. Eu não sou uma semente ruim. Nem sou uma lousa em branco. Muito pelo contrário; sou muito bom por natureza. O que não quer dizer que, por natureza, eu seja infalível. A civilização apresenta conflitos diários à medida que as pessoas agrupadas em hierarquias complexas tentam conviver umas com as outras. Ao introduzir o papel higiênico, a civilização criou o dilema ético de quem deve substituir o rolo terminado. Como muitos pequenos comportamentos cotidianos, não repor o papel pode levar familiares e colegas de quarto, normalmente calmos e tranquilos, à raiva e ao desrespeito. Se estou em conflito, uma necessidade percebida minha está de algum modo bloqueada pela necessidade percebida de outra pessoa – nesse caso, continuar o dia dela com pressa, sem se preocupar em repor o rolo. Resolver esses conflitos é a principal função das regras humanas, criadas pela cultura.

No processo de crescimento, grande parte da dificuldade está no aprendizado das regras. Sim, é conveniente não repor o rolo, mas não é justo com relação à pessoa seguinte a ocupar o sanitário. Você gostaria de ser a malfadada criatura a deparar-se com a falta de papel higiênico? O superego auxilia no processo de aprendizado das normas por meio da importunação e da criação de lembranças. Quando você tiver dezessete anos, a tarefa de memorização do superego estará concluída. Ele terá reunido e armazenado todas as histórias morais de que você possa precisar. Você entende por que as regras precisam ser obedecidas e conhece um número suficiente de regras. Você mesmo pode administrar seu código de ética, sem intimidações. O superego pode ser aposentado. Você não precisa mais dele e pode assumir o controle.

Meus clientes e eu testamos essa constatação. A vida sem um superego ativo acaba sendo realmente *mais* moral, ética e apropriada, porque gasto menos tempo me defendendo de falsos perigos. Menos conflitos significam menos dilemas éticos. Toda a capacidade criativa da minha mente está liberada. Ela não só tem o bom senso para fazer as escolhas certas, mas é também mais precisa na avaliação dos perigos. De modo especial, deixo de ver perigos inexistentes.

O superego do meu cliente Daniel tem a aparência de um esquilo. Daniel começa uma das sessões perguntando a Squirrel: **"Por que você continua no controle?".**

"Porque você precisa de mim."

"Como você sabe que preciso de você?"

"Porque sem mim você falharia."

"Mas estando no controle o tempo todo, Squirrel, você não pode saber isso, pode?"

Squirrel fica calado. Sua expressão é de desdém, olhos entreabertos.

"Não é cansativo dirigir o espetáculo o tempo inteiro?"

Squirrel arregala os olhos, indicando sinceridade. "Sim, é."

"Você não gostaria de tirar uma meia aposentadoria?"

"Sim, mas você precisa de mim."

"Bem, vamos pensar um pouco. Lembra que você prometeu se afastar por um tempo? Acho que está dando certo. Você ainda está por perto mais do que preciso, mas menos do que costumava estar. Não estou fazendo coisa errada, estou?"

"Não."

"Então, por que você não se afasta um pouco mais? Prometo que não vou te expulsar. Lembra? Você estará por perto, num segundo plano. Quando eu precisar de você, pedirei sua ajuda. Você será meu Assessor Ético Eventual. Tudo bem?"

"Imagino que sim."

"Squirrel, preciso de uma resposta positiva. Preciso de um sim ou não inquestionável."

Squirrel responde contrariado: **"Sim".**

"Quero chamar sua atenção para um detalhe. Lembre que, ao aparecer pela primeira vez na minha infância, sua tarefa era me ajudar a aprender as regras e a amadurecer. Isso é o que você sempre quis para mim, que eu fosse um adulto que tivesse condições de andar pelo mundo sozinho. Assim, sua aposentadoria significa que você teve sucesso. Você deveria se sentir bem com isso."

"Tudo bem."

"Obrigado mais uma vez por salvar minha vida quando eu era criança."

"Não há de quê."

Agradecer ao seu superego no final de uma experiência de Gestalt pode ser emocionante. Muitos de meus clientes choram de reconhecimento ao lembrar como seu superego os protegeu quando crianças. A gratidão é um sentimento essencial da alma. É o único sentimento essencial que volta no tempo. O divino opera principalmente no presente, com pouca preocupação com o passado ou o futuro. É por isso que muitos movimentos espiritualistas enfatizam o "estar no momento". O divino sem amarras é acessível aqui e agora. Há uma exceção, porém: o aspecto do divino chamado gratidão. Considerar o passado como uma série de influências e orientações, incluindo as do seu superego, sinaliza que você está orientado para o bem.

DEZ

O QUÊ? EU ME PREOCUPAR?

Quando me liberto do superego, também me desligo de mamãe, papai e seus equivalentes. O superego é uma réplica tosca da minha mãe e do meu pai (ou de seus substitutos) sob o disfarce de juízes carrancudos e punidores. Meu superego me desmerece, como os pais fazem quando estou aprendendo o básico: "Escute, filho, você quer saber mais do que nós?". No entanto, aos dezessete anos, superei a necessidade de ser rebaixado. Meu superego poderia ter passado a conversar como amigo, suponho, mas não faria sentido; meu eu essencial, meu eu interior que já está orientado para o bem, tem um observador próprio. Um sinônimo para o nosso observador interno é *autorreflexão*. É também chamado *autoconsciência* e, em algumas comunidades espiritualistas, *consciência da consciência*. Ela acompanha todas as experiências e, muitas vezes, parece o instrumento fundamental da consciência. Pode soar como uma voz ou não. De qualquer modo, ela tem curiosidade e destreza próprias para resolver problemas complicados. Ela pode recorrer à memória em busca de padrões e de informações discretas. É um adulto. Não precisa de orientação da mãe ou do pai e certamente não precisa ser motivada por intimidação, menosprezo e ameaças de castigo. Ela sabe prever consequências e também conhece os seus próprios limites na previsão de consequências. É digna de confiança.

Quando o superego de Jade apareceu pela primeira vez, seu objetivo era agir como seus pais quando eles não estivessem disponíveis. Ela poderia estar voltando sozinha da escola, e as regras difíceis de aprender seriam reforçadas pela nova voz em sua cabeça que agia como seus pais. Mas o superego de Jade nunca deixou de agir como um pai ou uma mãe que sabe o que é melhor e está pronto ou pronta para fazer cara feia ou castigar se ela cometer um deslize e esquecer a regra mais recente.

Libertar-se do seu superego dá a sensação de amadurecimento. Você perde o parasita que passou a maior parte da vida dele convencendo-o de que você é uma criança e precisa da voz dos pais para ter sucesso no mundo. Quando encaminha o superego à semiaposentadoria, de certa forma você também se despede de seus pais pela última vez. A voz irritante da mamãe ou o olhar fulminante do papai desaparecem de sua mente. Sem eles, você se observa ao seu redor e percebe que está se dando bem e sustentando-se sobre os próprios pés. Essa é a sensação de amadurecimento.

Minha cliente Tracy chama seu superego com cara de gato de Tabby.

"Você está me incomodando, Tabby", ela diz.

Tabby sorri zombeteiro, e Tracy lembra que precisa reformular sua afirmação com uma pergunta: **"Você pode parar de me perturbar, Tabby?"**.

"Por que eu deveria?". pergunta Tabby.

"Eu não preciso de toda essa insistência. Pelo menos dez vezes hoje, você me lembrou de uma reunião amanhã. Está na minha agenda. Estou preparada. Não preciso pensar nisso até amanhã. Por que você continua insistindo?"

"Você pode esquecer."

"Não foi isso que lhe perguntei, Tabby. Perguntei por que você não acredita que posso controlar minha lista de tarefas sem a sua constante chateação. Se eu pensasse na minha lista de tarefas duas vezes por dia, já seria suficiente, mas você fala dela dez ou vinte vezes todos os dias, e nunca com um bom pressentimento. Por que você não acredita que posso cumprir minha agenda sem a sua interferência?"

"Porque eu vi como você bagunça as coisas", diz Tabby.

"O que não prova nada", diz Tracy. "Você me amolava e aborrecia e eu ainda fazia confusão. Mas não é essa

a questão. Acho que posso cumprir minhas obrigações sozinha. Você vai parar de me importunar?"

"Não."

"Não?", pergunta Tracy, incrédula.
Tabby sorri maliciosamente.

"Preciso que você pare de cuidar da minha lista de tarefas, Tabby. Você concordou em se afastar, e isso faz parte do nosso acordo."

Todos conhecemos aquele olhar dos nossos pais quando os decepcionamos ou irritamos. Ele manifesta uma posição de autoridade, exigindo que nos encolhamos ou curvemos. Todo superego usa essa lembrança a seu favor.

Rebaixar é uma forma de punição em si, é claro, pois como adulto não quero me sentir pequeno e imaturo. Importunar também é assim. Um olhar carrancudo é uma punição mais direta. Não apenas ouvimos o superego restringir nossas escolhas do momento; também tememos suas interferências futuras, seja por importunação, seja por punição mais direta, com o coro sempre maior do constrangimento, culpa e vergonha.

O constrangimento é o sentimento de "Ops, cometi um erro infantil". Culpa é a confissão, apoiada pelo superego, de que "fiz algo condenável". Vergonha é a afirmação mais dramática, também rapidamente confirmada pelo superego, de que "Eu sou mau. Há algo de errado comigo".

Incomodando-me, irritando-me, xingando-me e exigindo que eu assuma a culpa e a vergonha, o superego me mantém inquieto com as consequências futuras das minhas ações. Freud disse isso em palavras simples:

Ansiedade é o medo de ser punido pelo superego.

A ansiedade não resulta de você imaginar que pode dar a resposta errada ou agir de modo incorreto. Esse é apenas o risco objetivo que faz parte da vida. A ansiedade é o medo da autopunição resultante. Você se encolhe com a possibilidade de ser importunado. Percebendo a chegada do agressor, você procura uma rota de fuga. O agressor é sempre o mesmo: um olhar desdenhoso de uma figura parental. Vale a pena saber isso por dois motivos. Primeiro, se você se sentir ansioso, agora pode desconsiderar a origem dessa ansiedade – o medo de ser punido pelo superego – como uma forma de iniciar uma investigação objetiva sobre essa ansiedade específica. Afastar-se do medo – olhando-o objetivamente – alivia parte da carga emocional instantaneamente. Qualquer sofrimento, incluindo o sofrimento chamado ansiedade, pode ser amenizado de modo mais satisfatório permanecendo com ele e investigando suas qualidades, suposições ocultas e história. Lamentamos para nos livrar da lamentação.

Em segundo lugar, conhecer a definição de ansiedade de Freud pode estimulá-lo a trabalhar para aposentar seu superego. Eu preciso ser censurado para agir com bom senso? Posso lhe dizer que, depois de seis meses de encontros semanais com o meu superego em sessões de terapia, não só ele se deslocou para a periferia grande parte do tempo em praticamente todos os dias, mas também o meu nível de ansiedade generalizada caiu 85%. Não me pergunte como descobri uma maneira de medir isso. Só sei que comecei a viver com muito menos ansiedade. Depois de décadas de noites acordado e insônia ocasional, passei os quinze anos seguintes caindo no sono em um ou dois minutos na maioria das noites e acordando oito horas depois revigorado. Minha esposa pediu que eu excluísse a última frase porque levaria as pessoas a me odiarem, especialmente os insones crônicos como ela. Como meu trabalho com o superego produziu esse efeito tão radical sobre mim, resolvi estudá-lo e transformar tudo o que aconteceu comigo nos métodos descritos neste livro.

Alguns de meus clientes obtêm alívio substancial da ansiedade depois de apenas algumas interações com seu superego. Outros precisam de meses ou até de alguns anos. O efeito varia e nem sempre é manifesto. Levar o seu superego a participar de uma Gestalt não é uma panaceia para a ansiedade, mas está bem acima do Valium.

ONZE

ALEGRE-SE SENDO COMUM

Dez anos depois de conhecer Bob Birnbaum e de embarcar em aventuras espirituais, comecei a namorar Annie – e seu público. Os dezenove livros dela, alguns deles romances sensíveis e outros inspiradas constatações do sofrimento cotidiano, são intelectualmente provocativos, brilhantemente ponderados e tão cristalinamente pessoais que muitos dos seus leitores a adoram como refúgio ou criam algum parentesco com ela como amiga secreta. Quando Annie e eu íamos ao cinema ou a um restaurante, habituei-me às abordagens para *selfies* ou para elogios de pessoas desconhecidas. Aprendi a ser a esposa do ministro – sorridente, aprumada, calma e educadamente reservada. Em geral, acabo tirando a *selfie*, pois os fãs apaixonados de Annie não têm o menor interesse pela minha bela cara.

A mensagem é clara: Annie é valorizada pelos seus extraordinários talentos. Eu sou ignorado porque sou comum. Quem quer parecer comum? Quem quer ser comum?

Eu quero. Annie quer. Você quer. Mas você pode não saber disso.

Você sabe que a vida é muito mais fácil quando se é comum? Se você for como a maioria das pessoas, a vida é um reforço repetitivo e constante de estruturas de identidade. Sua personalidade é como um jardim ou uma casa; requer manutenção constante. Meu eu comum? Esse não necessita de manutenção. Meu eu comum não é hierárquico, tentando ser melhor ou não ser pior. Está tudo bem com a forma como as coisas são, no momento, mais ou menos. Tarefas são necessárias, é claro. A espiritualidade não lava a louça. Mas uma tarefa é igual a outra. A tarefa aparece, é realizada, concluída e vamos para a próxima. Escrever este livro, parágrafo por parágrafo, é como lavar a louça, prato por prato. Dificilmente alguém se preocupa em medir a minha ação de lavar a louça. Não preciso medir minha própria escrita, graças a Deus. As mesmas frases são melhoradas pela minha autocorreção, o que chamamos de edição, quer eu pense que sou um talento comum, um gênio ou um fracasso.

Isso vai exigir uma batelada de prática. A civilização nos adestra a julgar praticamente tudo e a não confiar em ninguém. Mas pense nisso. Em quem você confia mais? Nos cães alfas em ação ou no simpático caixa do McDonald's? Estar perto de pessoas comuns é um alívio. Ninguém espera muito de mim quando falo sobre o clima.

Ser comum não significa não ter riqueza, fama ou habilidades de liderança. Essas ambições, embora muitas vezes impeçam de chegar à empatia, são medidas apenas dentro de uma estrutura social externa. A justiça e a empatia operam em esferas diferentes. A maioria de nós está obcecada pelo âmbito da justiça, que hoje se concentra no padrão de vida. Não é justo que algumas pessoas tenham riquezas imensas e outras lutem pelo básico. Esse é um problema social que exige preocupação, trabalho e aprimoramento. Nós votamos, marchamos, somos voluntários e fazemos a nossa parte. Ao mesmo tempo, a nossa espécie nunca esteve melhor em conter a guerra, a fome e as doenças. Ao longo do mesmo século em que quadruplicamos a população, quase duplicamos a nossa longevidade. Desde o início da série histórica, a expectativa de vida da maioria dos indivíduos de praticamente todas as culturas e tribos era de quarenta anos. Os antropólogos acreditam que esse padrão comum de expectativa de vida de trinta a quarenta anos talvez tenha se mantido desde o início da espécie humana, trezentos mil anos atrás. (O tempo de vida – o máximo aproximado de anos de vida que você ou eu podemos alcançar – é uma questão diferente, oscilando em torno dos cem anos.)

A expectativa de vida ao nascer está hoje mais perto dos oitenta anos nos países industrializados, dos cinquenta e cinco nos países em desenvolvimento, com toda essa melhora vindo no século passado. Na Índia, a expectativa média de vida aumentou de deprimentes vinte anos para impressionantes setenta anos durante o último século. A espécie está fazendo um excelente trabalho ao aperfeiçoar a sua capacidade de crescer e expandir-se para novos nichos geográficos, seu principal objetivo darwiniano. O que não quer dizer que essa conquista fantástica não tenha suas consequências inconvenientes, como o aquecimento global, por exemplo, para citar apenas uma. Sim, o mundo é injusto. Sim, a espécie é incrivelmente bem-sucedida. Não, a riqueza das nações e o padrão de vida dos adultos não são as únicas medidas de sucesso. Na verdade, podem ser indicadores muito vagos de satisfação individual.

O Jesus que proferiu o Sermão da Montanha para uma multidão incrédula teria dito: "Também, pudera!". Quando esse professor radical disse: "Bem-aventurados os pobres de espírito, porque deles é o reino dos céus", ele quis dizer que o mundo está simplesmente de cabeça para baixo, que os ricos estão em pior situação e os pobres em condições melhores. Como pode ser isso? Não se deve lamentar a pobreza dos pobres? Sim, sem dúvida, se estivermos lutando por um padrão de vida comum e justo. Mas há um insidioso descrédito na capacidade das pessoas de se envolverem com a presença divina em circunstâncias desfavoráveis. Considere a possibilidade de algumas vezes pelo menos encontrar-se a presença divina separada das preocupações de justiça social; talvez essa não seja uma forma de autoindulgência. Do mesmo modo, talvez um membro da classe dos acumuladores possa abandonar suas crenças nos valores materiais, pelo menos por algum tempo, e experimentar a presença divina. Jesus não disse que as posses materiais em si nos impedem de receber a graça; o fato é que viver para adquiri-las e mantê-las desvia o nosso olhar de nossa bondade e generosidade inerentes. Qualquer pessoa viajando pelo mundo de olhos abertos – ainda hoje – perceberia que as pessoas pobres são mais gentis e generosas com os seus bens e emoções do que as pessoas ricas. Guardar riquezas tem suas desvantagens.

Se você tiver a sorte de ser pobre de espírito no sentido de Jesus – você desistiu do mundo de cabeça para baixo de valorizar riquezas, honras e posições –, se você está comprometido em ser comum a ponto de abandonar toda esperança e ajuda para alcançar uma posição ou ser considerado grande, talvez lhe seja possível então ter uma presença duradoura. Vivendo sua vida cotidiana, você não é nada especial, até por fim não receber a menor atenção. Então, Deus ou alguma outra coisa peculiar aparece. Bem, às vezes.

Ao ouvir isso, você tem certeza de que quer ser especial? E se você pudesse ser único – vendo o mundo através das suas próprias lentes e expressões individuais – sem ser especial? E se ser único e ser comum não constituíssem contradição? Embora os Estados Unidos não estimulem essa visão, você a encontra na Grã-Bretanha, onde o excêntrico da vizinhança é tido em alta conta. Ele é um tipo comum em todos os sentidos, mas é também um excelente pintor de soldados em miniatura, cultiva a flor íris, e pode ainda ser especialista em Napoleão; ele é o mestre de uma província socialmente inútil. Todos nós podemos ser esse excêntrico comum.

Quando eu era criança, todos os caminhões de lixo tinham uma pessoa que era o coletor de lixo, o encarregado de recolher os contentores e jogar seu conteúdo na caçamba. Entre as paradas, o coletor ficava de pé sobre um degrau especial atrás do caminhão, segurando-se numa alça. Nunca vi um coletor de lixo não gostar do seu trabalho. Quintessência de todos os trabalhos comuns, o coletor num caminhão de lixo representa liberdade, energia, atividade ao ar livre e simplicidade. É como andar de bicicleta. Quem não gosta da sensação de andar de bicicleta? Quem não gostaria de andar na traseira de um caminhão de lixo? (Talvez você precise de um protetor nasal nas primeiras semanas.) Tenho certeza de que todo coletor é um perito em vários aspectos – cuidados com a segurança, ergonomia, respiração, velocidade e precisão. Ele não quer ser atropelado pelas rodas do caminhão e faz questão de terminar o expediente no horário determinado. Todas as tarefas podem evoluir para perícias, porque nós, humanos, gostamos de inventar quebra-cabeças que possam ser aperfeiçoados. Mas a liberdade do coletor de lixo ou do ciclista não é a perícia em si. A liberdade está na capacidade deles de realizar a tarefa e observar o ambiente por onde passam, curtir o vento no rosto, sentir o coração pulsar. Quando é perito em algo, você pode desviar a atenção desse algo e ficar livre para encantar-se com outras coisas.

Se não preciso ser especial, se não tenho de gastar todo o meu tempo mantendo uma autoimagem valorizada, se não me preocupo em ser julgado, então posso descobrir como é divertido observar o mundo à minha volta sem me envolver com ele.

Se eu for comum, os julgamentos dos outros não atrapalharão minha percepção do mundo ao meu redor. Se eu estiver bem, posso vadiar, sonhar acordado e escrutinar o horizonte em busca de falcões ou me inclinar e examinar uma flor exótica à beira da estrada.

A Presença – a essência misteriosa que se manifesta quando os obstáculos do superego desaparecem, segundo os gurus e os instrutores de meditação – é inicialmente estranha e inconfundível. A ideia de um momento no tempo que não precisa ser melhor, que não pode ser muito influenciado por mim, que se desvela por si só como uma visão espetacular que se estende até o horizonte? Isso é peculiar. Não ouvimos falar de *presença* espiritual na escola; ela não tem valor social evidente. Parece sobrenatural, ou como se eu tivesse de estar tão possuído quanto Joana d'Arc para encontrá-la. Mas, sem aviso ou intenção, a presença passa a se mostrar aos meus clientes à medida que suas defesas do superego começam a ceder. Eles perceberão que a experiência que seu superego deseja melhorar dirigindo-se a alguma outra coisa, em vez disso detém-se e revela-se. A pausa cria um breve devaneio. É como uma meditação, mas mais espontânea e com os olhos bem abertos. O mundo em torno deles se transforma sutilmente e expõe fenômenos estranhos que são distintos, descritíveis e comuns, embora ligeiramente abstratos: calma, suavidade, expansividade, vividez, quietude e contornos nítidos que não separam, mas demonstram uma unidade abrangente. Essas são características típicas da entrada no que as pessoas chamam de presença. É muito estranho nas primeiras centenas de vezes em que ela se manifesta.

O eu que encontra a presença deixa, de alguma forma, de ser, pelo menos temporariamente, alguém bem-sucedido, desleixado, bonito, feio, jovem ou idoso. O eu que resta é absolutamente comum, quase invisível. A experiência não é comum, mas a pessoa que a observa é. Certa vez, quando lhe perguntaram se estava feliz, a falecida atriz Carrie Fisher respondeu: "Feliz é uma das coisas que provavelmente serei ao longo do dia".

Da mesma forma, uma das experiências que surge quando o superego é posto de lado é a presença, embora não necessariamente na maioria dos dias.

A presença é impulsionada pela mesma sensação de pausa no meu caminho como a que posso desejar para frustrar o superego. Se eu sentir um conflito de superego em andamento, posso fazer uma pausa e dizer: "Espere um minuto. O que mais temos aqui?". Pausa é outra palavra para "olhar ao redor". Quando observo o meu ambiente, posso voltar a minha atenção ao peculiar, ao desejável, ao novo, ao familiar ou ao útil, mas, em última análise, torno-me cativo do que me fascina. Olhar ao redor é ficar fascinado. Curiosidade é o ato de trazer algo do meu ambiente para mais perto para ser examinado. Se eu quero alguma coisa, significa que estou curioso; "querer" e "curioso" descrevem a mesma ação de trazer algo para perto. Eu penso que quero alguma coisa para atender a uma necessidade. Mas isso não é verdade. Tenho apenas quatro necessidades: alimento, abrigo, vestuário e segurança. Todo o resto é desnecessário. E se eu quiser as coisas apenas pela curiosidade de examiná-las? Isso deixaria meu superego louco; ele quer que eu sinta que preciso de coisas supérfluas e quer restringir as minhas escolhas às mais produtivas para a sociedade, ou pelo menos àquelas que vão sustentar as minhas identidades estruturadas. Ser curioso a esmo? Isso mataria o direito do superego de restringir as minhas escolhas.

Encontrar a presença é um pouco alucinante. Pode assemelhar-se a um estado de êxtase. A mensagem transmitida é de que as coisas não são necessariamente o que parecem. A maioria das pessoas que a sentem querem senti-la mais uma vez, e de novo. É típico embarcar numa busca para prolongar a experiência. Típico, sim, mas também fútil. Se a presença é um objetivo, ela é consumida pelo superego como apenas outra forma de ficar decepcionado com o que acontece no momento. Paradoxalmente, estabelecer um objetivo espiritual tende a impedir a sua realização. A obra-prima sobre o assunto é *Cutting Through Spiritual Materialism* (*Além do Materialismo Espiritual*), de Chögyam Trungpa[6].

Felizmente, nosso trabalho crítico interno evita o problema. Uma vez identificados e postos de lado os objetos do ego, a presença tem um jeito engraçado de aparecer e cuidar de si mesma.

Vejamos isso um pouco mais de perto. Por natureza, os objetivos dão a entender que as coisas são imperfeitas aqui e agora. Sempre que tento encontrar algo melhor, projeto-me para fora do momento presente e para o futuro. A maioria das pessoas passa muito tempo todos os dias projetando-se para um futuro melhor, sem perceber que a satisfação já está disponível. Ao decidir que a minha situação atual é insatisfatória, estou dizendo a mim mesmo que não estou feliz agora, que há algo errado, incompleto ou que pode ser melhorado no presente. A insatisfação é uma marca segura da influência corrupta do superego. Se estou insatisfeito com a vida familiar e quero um estado de felicidade alucinante, então estou na casa do leme do superego. O espiritualismo se transforma no seu próprio desejo materialista e apegado de um estado melhor

6. O livro *Cutting Through Spiritual Materialism*, de Trungpa (Boston: Shambhala Publications, 1973), não trata apenas da maneira insidiosa do ego de se apropriar até mesmo de nossos desejos mais preciosos, mas também apresenta ao leitor um compêndio muito elucidativo sobre o pensamento, os princípios e os métodos do Budismo Tibetano.

permanente que está distante, em nada diferente do sonho do materialista de um mundo melhor com aquele iate, casa de férias ou carro de luxo.

Felizmente, você não precisa de um objetivo espiritual. Esse processo não é simples, mas é fácil. Apenas aceite onde você está e preste atenção a tudo que possa atrapalhar sua satisfação com o momento presente. À medida que o superego – o principal elemento no contexto – vai relaxando com o tempo, a presença começa a aparecer por si só. Superego e presença são as duas faces da mesma moeda: reduza o superego, aumente a presença. Você não precisa de um guia que o conduza à presença; você só precisa do tipo de exercícios deste livro ou mesmo, ao fim e ao cabo, do simples reconhecimento de que o parasita está aqui, agora. Se estou ciente do superego, também reconheço um eu que merece pausar um pouco as coisas. E sem pensar nisso, deixo a pausa começar.

Não é assim que aprendemos que as coisas funcionam. Dizem-nos para nos dedicarmos à melhoria, à perfeição, à conquista de objetivos e ao comportamento disciplinado. Aplique-se à presença, meu garoto, minha garota. Apenas medite um pouco mais, um pouco mais. Desculpe, mas esse é um caminho improvável para a presença. E se, em vez disso, tudo o que preciso fazer é comentar: "Ah, esse superego idiota aqui de novo?". Se eu fizer isso muitas vezes, de repente, de vez em quando, abrir-se-á espaço para mais. Mais equivale à presença, desde que seja mais aqui e agora. Se eu fizer uma pequena parada para observar a minha vida mais comum enquanto ela acontece, num único momento posso entrar em contato com novas sensações e experiências da presença.

Ao aliviar a minha necessidade de ser especial, de ser estruturado, de ser bem-sucedido, um mundo mais amplo e menos estruturado surge em cores vivas. Tudo naturalmente, por si mesmo. Você não precisa estar no topo de uma montanha contemplando um belo panorama para ficar maravilhado. Isso pode acontecer na fila do supermercado, no escritório ou ao passear com o seu cachorro. Esse é um processo de limpeza, não de construção. Aqui está Trungpa: "Não se trata de construir o estado mental desperto, mas sim de eliminar as confusões que o obstruem. No processo de eliminar essas confusões, descobrimos a iluminação". Quando eu era mais jovem, zombei de Ronald Reagan por dizer que sua ocupação favorita era fazer limpeza em seu rancho. Isso me dizia que ele não estava intelectualmente à altura do cargo de presidente. Agora que sou mais velho, entendo. O trabalho do superego é assim. Trata-se de limpar o terreno, não de construir cercas.

DOZE

ESTOU DE OLHO EM VOCÊ, SUPEREGO

Neshant e eu realizávamos sessões semanais havia nove meses quando ela disse, sem mais nem menos: "Sabe, ainda não consigo acreditar no quanto as coisas mudaram para mim desde aqueles cinco ou seis primeiros encontros com o superego". Já fazia pelo menos seis meses que Neshant falava com seu superego durante nossas sessões. Nesse ponto, já tínhamos passado para outros exercícios que descreverei em seguida.

> **"Eu me sinto mais calma a cada dia", ela disse. "Só queria que você soubesse disso."**

Sim, estou me parabenizando. É gratificante ouvir alguém expressar gratidão por minhas habilidades, mas essa não é a principal razão pela qual estou citando Neshant. Quero que você saiba que sua gratidão não é pelos nossos nove meses de trabalho - trinta ou mais interações. É pelos "cinco ou seis primeiros encontros com o superego".

O simples fato de saber que você tem um superego, que ele finge ser uma pessoa real e que pode ser abordado diretamente, é suficiente para a transformação, pelo menos para algumas pessoas. É impressionante. O refrão comum dos clientes que têm um primeiro encontro com seu superego é: "Sempre pensei que fosse *eu*". Alguns acrescentam: "Por que eu não soube disso antes?". A verdade surpreendente é que ele esteve escondido a menos de um palmo do nariz. De todos nós.

Seu superego atormenta você por fora, não por dentro. É uma pessoa falsa que soa como um pai ou uma mãe. Ele não é muito esperto nem complicado. É conservador, instila o medo e dirige sua vida, sem ter a menor justificativa ou direito de fazer isso.

Quando meus clientes conhecem seu pequeno parasita irritante, dou-lhes apenas uma tarefa de casa, sempre a mesma. Eles levam esse dever de casa consigo pelo resto da vida. Ele está comigo até hoje. É o seguinte: procure perceber o momento em que o seu superego está ativo; ao ouvir sua voz sussurrando uma mensagem depreciativa, diga para si mesmo: "Esse é você, superego". Basta distinguir o seu superego do seu eu essencial para você vencer. Se a mensagem da voz perto de sua cabeça for particularmente ofensiva, repita em silêncio: "Eu ouço o que você está dizendo; eu não mereço isso". Isso é tudo o que você precisa fazer. Com o tempo, apenas reagindo dessa forma, você reduzirá a influência do seu superego: "Esse é você, superego, eu ouço o que você está dizendo; eu não mereço isso".

Você vai reconhecer as "diversões" preferidas dele. Se você se perceber na defensiva, em conflito com alguém, sentindo-se vítima ou abalado emocionalmente, é porque seu superego está por perto. Assim que sair do transe do conflito, veja se consegue dizer: "Esse é você, superego". Nem sempre é possível impedir que seu superego perturbe sua vida – que ele o provoque –, mas você pode se dar conta logo em seguida de que ele de fato pouco ou nada ajudou. Assim você o subjuga. Agora ele tem menos força para a próxima investida.

Depois de algumas sessões, meus clientes transformam os encontros com o superego num jogo. Eles me descrevem seus sofrimentos mais recentes – o chefe que nunca está satisfeito, o parceiro sem consideração, o filho ingrato; de repente, param e dizem: "Ah, esse é o meu superego, não é?".

Subjugado.

Acontece que o seu superego é também o centro de controle de todas as suas defesas. Todo possível sentimento ferido é armazenado e classificado pelo seu superego, que felizmente o traz à tona sempre que pode. Isso extrapola o sarcasmo e chega às raias da crueldade. Seu superego quer que seus sentimentos sejam frágeis e que você fique na defensiva. Ele quer que você bata os pés, fique de mau humor e despreze. Ele quer que você se sinta atacado e não perceba que o seu suposto agressor está na defensiva tanto quanto você. Você acreditou na ideia de que é insignificante, que o mundo e seus manipuladores humanos são importantes e que você precisa abrir caminho até o topo. O superego não quer você satisfeito ou feliz na situação em que se encontra, pois você não cumpriria seu dever social de lutar para subir na hierarquia.

Na verdade, o seu superego bloqueia grande parte da sua liberdade natural. Ao colocá-lo na defensiva, seu parasita sarcástico exagera o risco de ser seu eu irrestrito, de ser criativo com tudo o que acontece, de estar aberto a novas possibilidades, e o bloqueia desde o seu eu mais absolutamente vivo, tolo, alegre, amoroso, satisfeito, rico ou realizado.

Meu cliente Jake vem entrevistando seu superego, uma bolha com rosto, há vários meses. "À medida que passei a conhecer Blob", ele me diz, "sua influência sobre mim desapareceu. Descobri que posso ser mais aberto às pessoas e não me importo muito com o que pensam de mim."

Assim, a vida com pouca interferência do superego não só é *possível*, como também é desejável e, pelo menos para os meus clientes, preferível.

"Minha mente está mais tranquila", diz Jake. "E estou muito menos preocupado."

Você já encontrou seu superego?

Mais uma coisa. Não se surpreenda com o modo como ele lhe aparece. Embora suas ideias e seus pontos de discussão sejam todos iguais, os superegos podem assumir uma infinidade de disfarces. O meu é um diabinho clássico. Tive apenas uma cliente que também achou o dela um diabinho. Veja uma lista parcial das aparências do superego dos meus clientes: Bola de Futebol; Pé Grande; Dadig (avó em armênio); Verme; Homenzinho Verde; Betty, a Alcachofra; Tabby; A Cara; Glenda, a Bruxa

Boa; Henry; Self; Pequeno Eu; Caveira; Hiena; Bruxa; Mãe; Caixa de Veludo Vermelho; Bibliotecária; Bola Laranja; Bolha Vermelha; Esquilo; Magrelo; Maçã; Cacto; Cachorro Azul; Gênio; Parede; Meleca; Balão Vermelho. Todos têm rosto expressivo e todos falam.

TREZE

PERGUNTAS REPETIDAS

O material que o superego confunde, como disse, é o material do conflito. O superego cria, exagera e intervém em cada conflito da minha vida, menos nas preocupações relativamente raras de sobrevivência e libido do *id*. Estas são instintivas, e a parte da sobrevivência, pelo menos, em geral não envolve o superego, que surgiu um pouco mais tarde na vida e oferece apenas respostas aprendidas. (Aqui não estou entrando no aspecto da libido.)

Se estou em conflito, posso apostar que o superego está por perto.

Como vimos, posso me dirigir diretamente ao superego a respeito de qualquer uma das suas intervenções e, apoiado em nosso diálogo, fazer com que relaxe sua supervisão. Com outro conjunto de ferramentas práticas, porém, posso me comunicar com o superego indiretamente e, com o tempo, afastá-lo de um problema emocional maior que me ocorra repetidamente.

Todos nós temos nossos dissabores emocionais, nossos infortúnios recorrentes, nossos desatinos repetitivos, nossas *bêtes noires* (bestas negras), nossos pontos cegos, nossos relacionamentos emaranhados. Todos somos inseguros com relação a alguma coisa, e a maioria das pessoas tem uma fiada de inseguranças. Para cada crença associada ao modo como as coisas deveriam ser, provavelmente temos problemas com o modo como de fato são. Temos crenças e problemas da mãe, crenças e problemas do pai, crenças e problemas de Deus, e crenças e problemas envolvendo nossa competência, nossa perseverança, nossa felicidade, nossa simpatia, nossa segurança, nossa saúde, nossa aparência, nossas aptidões atléticas, nossas habilidades de sobrevivência, nosso valor, nossa capacidade de ser amados e amar, nossa inteligência, nossa abertura, nossa espiritualidade, nossa proeminência, nossa sexualidade, nossa curiosidade, nossa riqueza, nosso *status* no trabalho ou em casa, nossas capacidades como pais, nosso poder, nosso valor e assim por diante.

Nenhuma dessas áreas é coisa de pouca importância. Mas o nosso superego pode apegar-se a uma delas, ou mesmo a todas, aumentá-la enormemente e fixar-nos num sistema de vulnerabilidades no qual ficamos expostos, em perigo, indefesos e sem esperança. Sem dúvida, é um erro do superego fazer isso, porém, antes de poder impedi-lo, precisamos ser capazes de vê-lo em ação. E isso não é fácil. O superego é um vampiro e se mantém silencioso e oculto enquanto faz seus estragos. Posso nem ter ideia do que ele me transmite sobre qualquer insegurança. Sem saber o que ele diz, como posso pedir que pare de sussurrar?

Felizmente, há uma forma de ludibriar o seu superego e fazê-lo revelar suas mensagens veladas sobre qualquer assunto que interesse a você. E você consegue fazer isso em tempo real, enquanto a insegurança aumenta. Trata-se de uma técnica que aprendi no instituto espiritualista Ridhwan School, em Berkeley, Califórnia, fundado pelo já mencionado A. H. Almaas. É uma ferramenta simples chamada "Perguntas Repetidas".

Antes vou descrever como adoto essa ferramenta com meus clientes e, em seguida, explicarei como você pode aplicá-la com um amigo.

Por meio de minha ajuda, Monica vem lidando com seu superego há alguns meses. Às quintas-feiras, às 16h, ela me liga pelo Skype. O pedido inicial que lhe faço todas as semanas é sempre o mesmo: "Fale-me sobre Monica".

Ela repassa a semana, o que esteve acontecendo e, em um ou dois minutos, se concentra no que a vem atribulando com mais insistência ultimamente – aliás, como todos fazemos quando alguém nos pergunta com sinceridade como as coisas estão indo.

Nessa quinta-feira em particular, o monólogo inicial de Monica evolui para o seguinte: "Simplesmente não sei o que pensar da minha nova chefe. Ela é como um robô, sem emoções. Ela fica rodeando a escrivaninha, recebe atualizações, balança a cabeça e faz perguntas pontuais. Sei que não sou só eu, mas ela dá a impressão de olhar através de mim, ou como se estivesse impaciente para se dirigir à pessoa seguinte – talvez alguém mais importante? Não sei. Também não sei o que fazer, como se ela estivesse me testando, talvez. E então penso que vou ser demitida, o que é ridículo. Sou muito competente na minha função. A empresa não pode me demitir. Porém, por que preciso provar as minhas aptidões à nova chefe? Não mencionei, mas ela já escolheu uma favorita. É como se eu não existisse".

Monica faz uma pausa, momento em que aproveito para lhe perguntar se poderíamos fazer um pequeno exercício. Cabe a mim agora formular rapidamente uma série de três perguntas que evocam a mensagem do superego. De modo geral, aproveito a deixa das últimas palavras do cliente antes de uma pausa sugestiva, neste caso o comentário de Monica antes da minha intervenção: "É como se eu não existisse".

Minha primeira pergunta para Monica é: "De que modo você não é vista?".

Ela já está orientada a responder com a primeira ideia que lhe vier à mente, mesmo que seja irrelevante. Se nada lhe ocorrer, ela pode dizer: "Não sei". Se a pergunta a desagrada, ela pode me avisar, mas ainda assim vou repetir a mesma pergunta. Ela pode responder no presente ou como se eu perguntasse sobre seu passado, no caso, como "não foi vista". Seja qual for sua resposta, repito exatamente a mesma pergunta.

"De que modo você não é vista?"

"Eu sou invisível."

"De que modo você não é vista?"

"Minha mãe não me entendia."

"De que modo você não é vista?"

"Minha chefe passa por cima de mim."

"De que modo você não é vista?"

"Eu sou negra."

"De que modo você não é vista?"

"Os negros são invisíveis para os brancos."

"De que modo você não é vista?"

"Ninguém conhece meu verdadeiro eu."

"De que modo você não é vista?"

"Meu marido não leva minhas ideias a sério."

"De que modo você não é vista?"

"Eu me retraio nas festas e me escondo."

Isso continua por cinco minutos. Eu uso um cronômetro. Se a cliente lamenta que ficou sem respostas, informo que ela pode repetir respostas já dadas. Terminados os cinco minutos, inicio outra etapa com a segunda pergunta.

"O que há de certo em se sentir invisível?"

"Nada está certo nisso."

"O que há de certo em se sentir invisível?"

"Não há nada de certo em se sentir invisível."

Se essa resposta é repetida, explico que por "certo" quero dizer útil. O superego tem motivos para reclamar com Monica, que diz que não está sendo vista. "Certo" aqui não significa ética ou emocionalmente correto, mas sim que estamos procurando saber qual é a motivação que leva o superego a exagerar a ideia de que Monica não é vista. "O que há de certo em se sentir invisível?"

"Parece normal."

"O que há de certo em se sentir invisível?"

"Então eu posso lutar para ser vista."

"O que há de certo em se sentir invisível?"

"É o que minha mãe preferia para mim."

"O que há de certo em se sentir invisível?"

"Não vou me envergonhar."

"O que há de certo em se sentir invisível?"

"Ninguém vai tirar sarro de mim."

"O que há de certo em se sentir invisível?"

"Não estou entre as garotas populares."

"O que há de certo em se sentir invisível?"

"Não há nada de certo em se sentir invisível."

"O que há de certo em se sentir invisível?"

"É o que as pessoas esperam de mim agora."

Depois de cinco minutos, introduzo a terceira pergunta. Explico da seguinte maneira: A terceira pergunta é um pouco diferente. Vou lhe fazer uma pergunta sobre "sensação". Por sensação, entendo sensações físicas, do corpo, não ideias emocionais. Responda do mesmo modo que respondeu às duas perguntas anteriores, mas procure lembrar que é uma pergunta que envolve "sensação". Então, sinta seu corpo e descreva o que pode estar acontecendo nele enquanto responde à pergunta.

"Monica, como seria se fosse sempre seguro ser invisível?"

"Não sei."

"Como seria se fosse sempre seguro ser invisível?"

"Acho que seria seguro."

"Como seria se fosse sempre seguro ser invisível?"

"Seria mais leve."

"Como seria se fosse sempre seguro ser invisível?"

"Pode parecer um alívio."

"Como seria se fosse sempre seguro ser invisível?"

"Acho que seria uma sensação de liberdade, como se eu voasse ou algo assim."

E assim por diante.

A primeira pergunta é de caráter bem amplo, aberto. Monica foi provocada por sua chefe, mas, como a maioria das queixas emocionais, o incidente não é isolado. Respondendo à primeira pergunta repetida, Monica relacionou seu desentendimento com a chefe a sentimentos semelhantes de sua infância, causados por sua mãe, e a sentimentos de depreciação por ser negra, à fobia social perto de amigos e a conflitos conjugais. "Não ser visto" é uma preocupação que a maioria de nós tem e que vem perseguindo Monica ao longo de toda a vida. A primeira pergunta ajuda Monica a perceber a escala e a duração da sua preocupação com seu descontentamento.

A segunda pergunta é a mais importante de todas. Depois de ajudar Monica a perceber as dimensões da questão, induzo o superego a revelar suas mensagens depreciativas encobertas que servem de fundamento oculto para o sofrimento dela. Perguntando "o que é certo" sobre o sofrimento, o superego é forçado a revelar seu raciocínio. Normalmente, a definição de "o que é certo" equivale a "Você sempre fez isso" ou "É o que as pessoas esperam" ou "É mais seguro". Muitas vezes, o raciocínio é circular: "Sinto-me invisível porque não quero ficar envergonhado". Como? Então, eu me ressinto do comportamento que estimulo?

Ouvir o raciocínio do superego costuma ser humilhante. O superego não é sofisticado. É grosseiro e nos cutuca como se ainda tivéssemos sete anos de idade.

"Eu estive ouvindo isso?", pergunta Monica depois das perguntas repetidas. "'Não estou entre as garotas populares?' É mesmo? É assim que ele me faz sentir insegura? Eu poderia muito bem ser uma aluna do Ensino Fundamental."

Quanto mais um cliente dá ouvidos ao raciocínio do superego, menos ele leva a mensagem a sério.

A terceira pergunta atende a dois propósitos. Em primeiro lugar e acima de tudo, oferece à cliente uma pista de como será viver sem esse problema, sem essa preocupação, sem essa insegurança. Ela lembra à cliente que haverá uma recompensa por envolver o superego nesse trabalho – na verdade, uma série de recompensas cumulativas. Em segundo lugar, ela instiga a cliente a ver que o sentimento já está presente e acessível, e que o superego a está impedindo de se comprazer com seu eu essencial encantado, relaxado, aliviado e livre. Observe que não estou incentivando a cliente a tentar se sentir assim no futuro. Esse não é um caminho de pensamento positivo, pensamento mágico, visualização, afirmações, acordos ou leis de atração. Esses caminhos têm suas próprias regras e condições. Em vez disso, incentivo meus clientes a permanecerem na lama durante a maior parte de cada sessão. De vez em quando, ressalto que meu trabalho é torturá-los, pedindo-lhes que descrevam e interroguem seu sofrimento de modo quase incessante. Não sinto nenhum prazer nisso, a não ser o de saber que esse trabalho angustiante parece encorajar as pessoas a se libertarem. E por alguma razão não masoquista, eles voltam semana após semana.

Eu sempre estruturo as três perguntas repetidas da mesma maneira: a primeira ("De que modo...") expõe exemplos do problema abordado, situando-o em diferentes momentos e circunstâncias. A segunda ("O que há de certo em...") induz o superego a revelar suas ruminações ocultas. A terceira ("Como seria se...") permite ao cliente saber como será quando a insegurança for removida. Você pode tentar fazer isso com um amigo.

Isso acontece no início da sessão. No final de uma sessão, em geral adoto uma técnica completamente diferente. Essa também aprendi na Ridhwan School, mas a utilizo de forma mais mecânica do que a escola. Escrevi um livro sobre isso, *Shapes of Truth: Discover God Inside You*. ["Formas de Verdade: Descubra Deus dentro de Você"]. Seria uma grande digressão aqui descrevê-la por inteiro, por isso vou resumi-la.

Peço à cliente que pense sobre um problema que surgiu mais cedo naquele dia. Pode ser grande ou pequeno, mas que, naquele momento, tivesse parecido um conflito emocional. Eu não preciso saber o que é. Quando ela sinaliza que está pronta, digo-lhe para esquecê-lo por enquanto. Oriento-a, então, a se sentar ereta, respirar algumas vezes e fechar os olhos. Em seguida, solicito a ela que faça algo que a maioria das pessoas nunca fez antes. Peço-lhe que examine o interior do tronco, do pescoço e da cabeça, em busca de uma sensação localizada. Esclareço que pode ser uma sensação de tensão ou constrição, um tremor ou um ponto quente ou frio, apenas algo que se destaca sutilmente, sem ser um problema gastrointestinal.

Passados alguns minutos, ela dirá: "Tenho um".

Em seguida, faço uma série de perguntas, nesta ordem:

"Onde está localizado?"

"Qual é sua altura?"

"Qual é sua largura?"

"Qual é sua espessura?"

"Está mais na frente, no meio ou atrás do seu corpo?"

"Tem uma forma?"

"Seus cantos são pontudos ou arredondados?"

"Qual é sua densidade?"

"Você acha que é feito de quê?"

"Tem pele ou é igual por dentro e por fora?"

"Seu centro é oco ou cheio?"

"Está preso a alguma coisa ou está livre?"

"Está se movendo ou parado?"

"De que cor é?"

No fim, ela poderá ter descrito, por exemplo, uma bola de borracha marrom, com sete centímetros de diâmetro, alojada no plexo solar, que está tenso. Na verdade, essa é uma forma física bastante típica desse tipo; mas também poderia ser um cilindro nos ombros, uma faixa na testa ou qualquer outra possibilidade. Peço a ela, então, que não faça nada além de observar o objeto por dentro e por fora, prestando atenção somente às suas propriedades físicas.

"Não se preocupe em saber como ele chegou lá, o que significa ou se você gosta dele ou não", digo à cliente. "Seu único foco são suas características físicas. Descreva-me qualquer coisa que você não tenha mencionado e me avise se alguma coisa mudar. Não há pressa. Nada precisa mudar. Apenas continue olhando para ele."

Depois de certo tempo – entre menos de um minuto e sessenta minutos, mas na média cinco minutos –, a cliente notará que a forma começa a mudar. No fim, geralmente em vinte minutos, ela desaparecerá de seu corpo. No momento em que a forma desaparece completamente, pergunto à cliente: "Como você se sente agora?".

A resposta é quase sempre a mesma: "Eu me sinto bem. Realmente, muito bem, como se não houvesse nada de errado".

Nesse caso, o encontro não foi diretamente com o superego, nem mesmo com o raciocínio dele. Dessa vez, a cliente se deparou com uma visão objetivada do resultado das mensagens depreciativas do superego: a verdade da *crença* da cliente no problema emocional que a puxa para baixo. Esse objeto marrom ou cinza representa tudo em que a cliente acredita sobre o problema. O problema pode ser Monica não ser vista. O problema pode ser a ingratidão de uma criança adulta. O problema pode ser culpa por ferir os sentimentos de alguém. Grande ou pequeno, ele é retirado do vocabulário normal de palavras e transferido para um vocabulário misterioso de formas corporais. Como a bola de borracha marrom é um visual inerte, a cliente não sentirá necessidade de consertá-la, fugir dela ou substituí-la por algo melhor. Como a forma corporal é benigna e não tem a força emocional do seu superego, a cliente pode ficar curiosa sobre ela sem se ressentir. A cliente apenas olha para ela. Quando a bola acha que foi observada por tempo suficiente, ela desaparece. E, inevitavelmente, a cliente fica com a sensação de que não apenas esse, mas todos os problemas desapareceram – não para sempre, mas por uma breve trégua que se revela muito prazerosa.

Essas duas técnicas – perguntas repetidas e investigação da forma corporal – não só reforçam a Gestalt do superego com que começamos, mas acabam se tornando o foco do trabalho. A cliente não precisa mais envolver o superego diretamente para reconhecer que o parasita está em ação e, ao identificá-lo, afastar-se de sua influência.

"Sempre acho que estou fazendo as perguntas repetidas de maneira errada ou que são muito difíceis", diz Monica. "Mas, de alguma forma, elas sempre me deixam agradecida por ter aprendido alguma coisa sobre mim mesma. Alguma coisa proveitosa. E então o trabalho corporal, ah, esse me leva a lugares estranhos. Porém, não consigo explicar, simplesmente me sinto bem, às vezes até por vários dias. É bem misterioso, embora aconteça o tempo todo."

QUATORZE

IDENTIFIQUE SUAS DEFESAS

O superego está sempre torcendo para que você fique na defensiva. Ele o mantém em alerta, exagerando perigos reais e imaginários. Se o perigo é real – às vezes um chefe hostil é um chefe hostil –, o superego o convence a se defender ativamente sempre que puder. O conselho mais útil seria cumprir suas obrigações e lidar com a hostilidade somente quando necessário, sem se deixar obcecar por ela. Um amigo, por exemplo, sugeriria analisar a situação com clareza, compreendê-la e definir uma estratégia, caso fosse preciso. Em seguida, você adaptaria a estratégia definida ao seu dia de trabalho conforme apropriado. Esse, porém, não é o *modus operandi* do superego. O superego deprecia, discursa e fala com você sobre tudo, menos sobre a estratégia em si. E ele sempre vence. Como você pode manter a objetividade quando seu superego sussurra que você está prestes a ser demitido e lhe lembra que você é incompetente e um impostor?

Parte da luta contra o seu superego é identificar sua própria atitude defensiva, a qual é criada e gerenciada por ele. Parece não haver saída para essa situação. Todos reclamam do crítico interno, mas quase ninguém faz nada a respeito. O superego me diz que sou insignificante, o que me leva a acreditar que preciso me defender de alguém importante.

Examinemos esse comportamento contraproducente do superego. Vejamos seus truques e suas ferramentas.

Quais são suas defesas? Em termos simples, primeiro temos de descartar as defesas do *id*. Para o instinto de sobrevivência, as atitudes defensivas são lutar ou fugir. Para o instinto da libido, são sublimar ou agredir sexualmente. Quando lidamos com o superego, não nos equipamos com essas defesas.

As defesas do superego se resumem a três: retraimento, raiva e autojustificação. Isso mesmo. Você tem apenas três defesas[7]. Você pode ficar triste e amuado, pode irritar-se ou pode rejeitar.

7. Tomei conhecimento das três defesas nos escritos e nas palestras de Hameed Ali, professor e escritor prolífico cujo pseudônimo é A. H. Almaas. Sua perspicaz compreensão psicoespiritual do desenvolvimento do ego e de seus mecanismos de defesa é *The Pearl Beyond Price: Integration of Personality into Being: An Object Relationships Approach* (Boston: Shambhala Publications. 1988). Também conheci por meio de Ali e de seus livros algumas outras ideias e exercícios aqui incluídos. Durante mais de cinco anos, participei regularmente de retiros e fins de semana conduzidos por Ali e outros treinados por ele em programas do Diamond Approach. Fazíamos muitas perguntas repetidas. Se eu ainda tivesse dúvidas, ficaria devendo minha própria pérola inestimável a Ali.

É engraçado pensar sobre isso. Todos acreditamos que somos uma rede inexpugnável de possíveis defesas, que temos uma caixa de surpresas de respostas argutas armazenadas e que podemos criar novas respostas rapidamente. Mas somos muito mais simples do que isso. Nossa caixa de surpresas contém exatamente três itens estereotipados para escolher: retraimento, raiva e autojustificação.

Pior ainda, temos apenas três situações contra as quais nos defendemos constantemente. Cada defesa reage à própria situação. A situação de não ser visto resulta em retraimento. A situação de não estar no controle resulta em raiva. A situação de não ser reconhecido como correto resulta em autojustificação. Uma das três situações é dominante em você; sua tendência é vê-la como mais perigosa do que as outras duas e a se defender com o instrumento que lhe corresponde. Psicólogos acadêmicos dão um nome requintado e horrivelmente pejorativo ao seu diagnóstico. Se tende a se retrair, você tem traços de personalidade *esquizoide*. Se tende a se irritar, você tem traços de personalidade *limítrofe*. Se tende a se justificar, você tem traços de personalidade *narcisista*. Ugh! Os rótulos da condenação. Os psicólogos acadêmicos podem mostrar seus preconceitos médicos, denominando as defesas como se fossem sempre respostas patológicas que precisam ser tratadas. Isso pode se aplicar a alguns casos, mas é certamente estranho classificar como doença algo que todo mundo tem. É como dizer que meu cérebro é uma doença. Alguns cérebros estão doentes, mas não a maioria.

Não há nada de errado em ter as três defesas, e nenhuma é pior do que as outras. O fato é que, às vezes, você precisa se defender para conseguir o que deseja. Em uma sociedade de desconfiança, as suas únicas defesas são afastar-se, mostrar alguma agressão ou denunciar a falsidade da posição da outra pessoa. (Tal como acontece com o *id*, o congelamento não é uma defesa real. É uma falha desagradável ao utilizar uma defesa.) Você pode perguntar: E quanto à resposta de perdão ou tolerância? Estamos falando apenas dos momentos em que você percebe que está na defensiva. A maioria de nós acredita que antes somos tolerantes e receptivos; depois, com o Plano B, tornamo-nos defensivos. Não gostamos dessa perspectiva, mas obviamente ela é necessária. É impossível imaginar uma sociedade civilizada, industrializada, um lugar onde a confiança precisa ser constantemente administrada, sem alguns conflitos que naturalmente levariam a comportamentos defensivos. Essas defesas humanas são os três escudos que todos nós temos. Ninguém tem um quarto; os três são suficientemente úteis para lidar com qualquer situação. Em algum momento da sua vida, você se afastou de alguém, irritou-se com alguém e rejeitou alguém.

Como eu disse, uma das três defesas é dominante em todos nós. Esse é o trabalho do superego. Em torno dos sete anos de idade, o superego decide qual defesa será o nosso padrão. Em geral, o pai ou a mãe é o modelo para essa defesa. Se seu pai era controlador, provavelmente era raivoso. A raiva é sempre frustração pela falta de controle. Você pode tê-lo tomado como modelo e feito algumas adaptações, caso em que provavelmente também se torna raivoso quando está sob pressão. Ou você pode ter rejeitado seu pai por sentir-se incompreendido por ele, e então escolheu a retirada como defesa. Se sua mãe lhe disse para ser discreto e calmo a fim de ser aceito, seu superego também pode ter escolhido o retraimento; por outro lado, você pode ter se rebelado, com seu superego orientando-o a ser um sabe-tudo tagarela. Seja qual for das três defesas que você tenha adotado como padrão, seu superego a amplificou e manteve viva, e você ainda a possui. Seria algo incomum alterar sua defesa-padrão em algum momento da vida. As outras duas defesas certamente estão à sua disposição, mas em geral você só recorre a elas quando a sua defesa predominante não obtém a reação esperada.

Vou descrevê-las um pouco mais para que você possa descobrir sua defesa-padrão, a segunda mais forte e a terceira fraca.

SER VISTO

Se você é mulher ou uma pessoa negra, talvez conheça esta defesa intuitiva, socialmente. Em um nível mais fundamental, porém, todos sentimos a ferida da infância de não sermos vistos como somos de verdade. Todo o sistema de recompensa concentra-se em nossos comportamentos externos, não em nossa beleza interior. Em algum momento quando criança, você percebeu que era uma marionete dos desejos dos seus pais para você. Você pode ter sido levado a tocar violino para convidados. Ou recebeu fortes aplausos dos seus pais da lateral da quadra de esportes. Ou o contrário: você foi repreendido por notas ruins ou falta de educação. Em qualquer um desses cenários, uma parte de você gritou: "Este não é meu verdadeiro eu. Isto é para mostrar. Vocês não conhecem meu verdadeiro eu". Quantas vezes as crianças com mais de três anos são recompensadas por ser apenas as bobinhas, as sonhadoras e os "vírus do amor" que são? Raramente. Somos todos tragicamente lembrados de que nosso valor congênito perfeito não é suficiente, não merece ser conhecido, e, quando cristalizamos a lição de que ninguém realmente se importa com essa parte de nós, desistimos de ser conhecidos inclusive em virtude da nossa bela alma. E, então, nos ressentimos.

A defesa própria de uma situação de incompreensão – o retraimento – parece estranhamente autodestrutiva. "Você não conhece meu verdadeiro eu? Bem, não vou te mostrar *nada* de mim." Quando se isola numa sala, a pessoa que se defende logo percebe que então é ainda menos vista e que também está só. Outra maneira de ver a situação é a defesa "Você não pode me demitir. Sou eu que me demito!". Evitando o mal-entendido, não sou mais mal compreendido. Se esse for você, o conflito pode levá-lo a calar-se, a ficar amuado, a retirar-se, sentir-se magoado, recusar o contato visual, sentir um colapso como se estivesse implodindo, cobrir os ouvidos ou jogar-se debaixo das cobertas. Você pode sair e dar um passeio. Você pode ligar para uma amiga e marcar um encontro imediato. Você pode pegar um objeto e começar a manipulá-lo sem pensar. Saudáveis ou não, todas essas são estratégias defensivas. Você foi desencadeado e reagiu retraindo-se.

ESTAR NO CONTROLE

Quando somos pequenos, os pais são gigantes, física e metaforicamente. Eles são enormes e ficam nos observando, à espreita.

Eles poderiam nos quebrar como gravetos. Eles controlam nossos movimentos e também, até certo ponto, nossos pensamentos. Eles comandam. "Olha pra mim, mocinha." Eles controlam. "Vá para o seu quarto e só saia de lá quando aprender a ser mais educada com seu irmão." Eles controlam o que comemos, quando dormimos, que brinquedos temos e se podemos visitar os amigos. Estamos à mercê deles e à sua disposição. Estamos tão presos ao seu controle quanto um cachorrinho de estimação. Lamentavelmente, porém, parece que nascemos com o pendor para explorar e com uma curiosidade incontrolável. Então, os pais se intrometem em nossa liberdade de escarafunchar, desencadeando assim muitos conflitos, principalmente explosões de raiva.

A defesa da raiva – que sempre representa frustração pela falta de controle – tem má reputação. Como pode evoluir para violência física, a cultura tende a temer mais a raiva do que o retraimento ou a autojustificação. Mas, em sua aparência normal, ela é segura e igual às outras duas em efeito dramático e poder de persuasão. Ela tem o mesmo peso. Os psicólogos destacam que as defesas não são perigosas até cruzarem uma linha imaginária e "partir para a ação". Infelizmente, não há um limite estipulado em que as contramedidas apropriadas se transformam em ação. Você sabe que tenta retomar o controle quando grita, bate os pés, enrubesce o rosto ou sente uma descarga de bile estufar o peito, sendo impelido a xingar ou a entrar em pânico. Não se preocupe muito com isso. É apenas a defesa habitual de que você está equipado, seja o que for que os outros pensem.

Em uma breve digressão para estereótipos de gênero, devo dizer que a raiva é mais aceitável nos homens, razão pela qual parecem superar a raiva mais rapidamente do que as mulheres, propensas a prolongá-la por sentimentos de remorso e culpa pela *perda* de controle – talvez o medo instilado pelo superego desde a infância de que uma mulher raivosa seja evitada, rejeitada, abandonada ou amarrada no tronco.

ESTAR CERTO

Os pais são incentivados a elogiar o comportamento precoce. Eles se preocupam quando o bebê Eduardo demora para começar a engatinhar ou, Deus nos livre, não aprende palavras com a rapidez esperada. Eles procuram sinais de uma criança prodígio rara. Mas há dois lados em ser precoce. O lado óbvio é que a criança é inteligente e talentosa, capaz e aparentemente nascida para sobressair em alguma coisa. O lado oculto é que a criança acredita que o sucesso depende dela e que o mundo talvez não a favoreça. A criança precoce tende a evoluir para o adulto inseguro e narcisista, o sabe-tudo que despreza o valor dos outros e teme pela própria capacidade de ser amada.

O narcisismo parece horrível, não? É confundido com o transtorno de personalidade narcisista, que é uma condição mental horrenda. Mas todos nós somos narcisistas até certo ponto; significa apenas que, ao ver o mundo através dos nossos olhos, desenvolvemos o hábito de acreditar em nossas interpretações do que vemos. Cada uma das defesas tem um extremo sociopata – o isolamento total do eremita, a raiva radical do sádico e a justificativa extrema do narcisista ou fanático impiedoso. Porém, não precisamos nos preocupar muito com isso. Poucos encarnam a versão sociopata. Se o seu narcisismo for do tipo habitual, você será o convidado inofensivo do jantar, cheio de sarcasmo, que despreza as ideias das outras pessoas e é impaciente para falar. Você pode interferir na conversa das pessoas e terminar as frases delas, corrigir a gramática do seu cônjuge e dizer "Mesmo?" de vez em quando. (Minha esposa resmunga comigo quando uso o interrogativo "Mesmo?" como uma frase completa.) Você se pergunta por que as pessoas ficariam ofendidas. Do seu ponto de vista, você só está oferecendo bons conselhos e um tesouro de conhecimentos memorizados. Em situações emocionais, sua defesa é a agressão passiva. O desprezo elimina seu adversário.

É isso. Essas são as únicas três defesas sociais, e uma delas é o seu ponto forte. Com suas artimanhas alarmistas, o superego pode acionar a sua defesa-padrão muitas vezes, sem que você perceba que está dando sua aprovação tácita. Saber disso pode parecer desanimador – quem quer ficar preso numa ciranda interminável? –, mas é exatamente o oposto. Ao identificar seu padrão, você pode sair de um conflito de maneira mais rápida e completa.

O conflito existe. É difícil passar um dia sem que alguém ou algo atrapalhe nossos planos ou desejos. Estamos muito ocupados e interligados num formigueiro para evitar que minhas necessidades e meus desejos entrem em conflito com outras formigas. Sua responsabilidade aqui não é evitar todos os conflitos ou mesmo abster-se de reagir. Segundo o próprio Ram Dass, depois de décadas de trabalho espiritual, ele não perdeu uma única neurose. Mas sua *atitude* em relação às neuroses mudou. Ele podia dar de ombros com humor quando se pegasse numa velha defesa. No documentário *Compassion in Exile* ["Compaixão no Exílio"], de Mickey Lemle, produzido em 1992, o Dalai Lama ri porque a sua equipe avançada – os especialistas responsáveis pelos detalhes das suas aparições públicas – provavelmente o vê como alguém irritadiço. Ele não discorda; apenas sabe reconhecer esse fato e considerá-lo com leveza para que possa se corrigir. Parece paradoxal, não? Mas Ram Dass e o Dalai Lama sabem que são humanos e por vezes ficarão frustrados com sua falta de controle sobre os acontecimentos. Você e eu também ficaremos frustrados, aborrecidos e espantados diante dos obstáculos, mal-entendidos e sabotagens no esforço de realizar os nossos planos mais bem elaborados. O que fazemos?

Esperamos. Esperamos até que nossa primeira reação se esgote. Talvez percebamos que estamos de mau humor, exasperados ou dispensando alguém com sarcasmo. No calor do momento, não conseguimos nos controlar. Mas, assim que a ação termina, nossa responsabilidade é tomar outra direção e perguntar: "Qual das defesas estou usando? Estou vendo meu problema, estou no controle ou estou certo?". E em seguida: "Qual das defesas minha oponente está usando? A atitude dela é de mau humor, raiva ou autojustificação?". Fazendo essas perguntas, você se afasta da briga tola que esteve travando e tem condições de ver o padrão da sua vida, e, se o conflito for com um amigo próximo ou com sua parceira, pode perceber a repetição oscilante do seu toma-lá-dá-cá. Com um olhar panorâmico, você consegue ver melhor o quanto exagerou desnecessariamente o perigo de não conseguir o que deseja.

Minha esposa e eu nos conhecemos tarde, então felizmente estamos livres de muitas discussões. As brigas são muito desgastantes para idosos fatigados, que acham mais fácil ceder com um dar de ombros. Mas, às vezes, um calo é atingido e os dois saímos correndo como jovens. A defesa de Annie é a retirada, a minha, a autojustificação. Isso é óleo e água. Quando ela sai da sala, eu a sigo, deixando claro o quanto estou certo e o quanto ela, portanto, deve estar errada. Na verdade, nunca chegamos a nos agredir fisicamente. Talvez aconteça um dia, quando estivermos no "depósito de idosos" com um único controle remoto de TV. Na maioria das vezes, ela fica emburrada, lambendo as feridas no quarto, enquanto eu fico indignado, parado na cozinha e resmungando comigo mesmo.

Então, ah, lembro que tenho esse aplicativo esquisito que exige que eu esteja certo, e que Annie tem seu próprio aplicativo que pede que ela seja compreendida. Nesses momentos, lembro-me de ouvi-la perguntar em algumas ocasiões: "Você prefere estar certo ou feliz?". Embora a resposta correta seja "ambos", entendo o que ela quer dizer. Espere, penso, ela precisa ser vista e compreendida. Por que não tomo uma atitude para que isso aconteça? E então me sinto estimulado a lhe fazer perguntas abertas, como: "Talvez eu não tenha entendido muito bem. Por que você não me diz o que precisa e como não estou correspondendo?". Nesse ponto, recomeçamos tudo, porém agora conversando como amigos que tentam resolver um problema. Bem, talvez não imediatamente, mas depois de certo tempo, o que também vale. Talvez ela não consiga o que quer, mas será ouvida. Eu posso não conseguir o que quero, mas minha opinião será respeitada.

Tenho outras três pequenas ferramentas que ajudam a me separar da minha autojustificativa defensiva. A primeira é me culpar por todo conflito em que me envolvo. Isso não é tão obtuso quanto pode parecer. Dizer "Sou 100% responsável por este conflito" é uma forma de atenuar o meu fanatismo. O problema é que preciso acreditar, mesmo que minha antagonista não tenha aderido a esse sistema. De fato, ela também pode acreditar que sou 100% responsável pelo conflito. Ainda assim, sei que é bem verdade que meu aborrecimento é problema meu, não dela. E isso é em razão de minha segunda ferramenta.

Dou à segunda ferramenta o nome de consideração das "Noventa e nove Outras". Veja um exemplo. Minha esposa não gosta de comédia, mesmo que seja brilhantemente escrita por Oscar Wilde ou Michael Frayn. Quando é a minha vez de escolher o filme e insisto numa comédia, posso antecipar uma máscara mortuária taciturna posicionada alguns centímetros à minha esquerda no sofá, com sua energia sugadora me debilitando lentamente até me fazer desistir e entregar o controle remoto para ela. Não é que ela não tenha senso de humor; passamos boa parte do dia em meio a cenas divertidas que ela inventa espontaneamente. Ela apenas não tem tempo para atrações britânicas espirituosas, sarcásticas e contundentes. Já me senti derrotado centenas de vezes ao tentar dividir com ela meu gosto sofisticado pelo sarcasmo. E sempre acabei resmungando comigo mesmo.

E, então, me lembro do truque das Noventa e Nove Outras. É assim que funciona: mentalizo noventa e nove pessoas enfileiradas, começando à minha direita, todas ombro a ombro, homens e mulheres adultos, dirigindo-se ordenadamente para o horizonte. Percebo que nenhuma delas se incomoda com o que, para mim, é certo desinteresse da minha esposa pela minha estética. Posso tomar qualquer aspecto incômodo de qualquer pessoa e me deparar com noventa e nove pessoas enfileiradas, encolhendo os ombros: "E daí, qual é o problema?". Se esse aspecto for bastante incômodo, talvez eu precise procurar em um imaginário bilhão ou mais de pessoas para encontrar noventa e nove que não se importam, mas sei que elas estão por aí, no mundo. Se o que me irrita não as incomoda, provavelmente é o meu infeliz defeito que me torna defensivo.

E isso me leva à terceira ferramenta. Depois de me afastar esse tanto do conflito original, posso me lembrar da simples verdade de que *ninguém* está atacando. Ninguém ataca. Todos estão na defensiva. Minha esposa não está me atacando com seu retraimento taciturno. Ela não está me calando para vencer. Ela está se afastando de mim para proteger seu próprio território, suas próprias necessidades, suas próprias inseguranças. *Todos* estão sempre na defensiva. Isso é estranho, mas é verdade. É verdade até na geopolítica. Ninguém jamais admite ter disparado o primeiro tiro e, se o vídeo provar que um dos lados o fez, eles sempre dirão, com sinceridade, que foi um disparo "preventivo". Atacando, eles estavam se defendendo de uma agressão futura.

As três ferramentas, em resumo:

É tudo culpa minha.

Noventa e nove pessoas não ficariam incomodadas. De forma nenhuma.

Ninguém está me atacando. Todos estão na defensiva.

Você vai estar na defensiva. Você não pode impedir o constrangimento. No entanto, pode impedir que ele persista e, com o tempo, poderá se libertar de grande parte de sua insegurança. Não importa se você for desencadeado. A única coisa que importa é não deixar o momento se prolongar e evoluir para um humor taciturno, raivoso ou autojustificado. Todo conflito é muito simples: sua necessidade declarada e a necessidade declarada de seu antagonista não podem ocupar o mesmo espaço. Você tem uma escolha. Você acha que é ganhar, perder ou empatar. Mas é mais simples do que isso. Você está diante do pedido do seu adversário temporário para que a necessidade dele ou dela seja atendida. Isso é tudo que está acontecendo. Você tem três respostas possíveis: Sim, não ou negociação. Qual é o grande problema emocional com sim, não ou negociação?

QUINZE

PERCA SEU TEMPO

Meus clientes reclamam que vivem sobrecarregados. Eles sentem as pressões civilizadas de inúmeras expectativas – progredir no trabalho, criar bem seus filhos, melhorar seus casamentos, manter-se saudáveis, salvar o planeta do aquecimento global, encontrar um propósito depois da aposentadoria. Também estão preocupados com algo que chamam de "perda de tempo".

O que é perder tempo? O tempo é de fato um recurso que precisa ser reposto como o dinheiro? Se não ocupo meu tempo trabalhando, sou preguiçoso? Estou procrastinando? Divertindo-me? Satisfazendo meus caprichos? Sendo pecador? Autoindulgente? Muitas são as descrições com potencial de me rebaixar por não *usar* meu tempo de modo *proveitoso*.

Deus nos ajude se fomos colocados nesta terra para alcançar, promover e manter uma produtividade constante. Essas são preocupações de manutenção social. Para mim, passar todo o meu tempo protegendo a minha espécie parece-me um ato estranhamente biológico, como se as explicações darwinianas – abrigar a espécie com segurança em cada nicho possível – fossem tudo o que tivéssemos. Como se ficar vadiando no jardim não tivesse nenhum valor! Quanto mais eu vivo, mais me convenço de que meu único propósito é ser fascinado – pelo meu jardim, pelos meus amigos, pelos meus filhos, pela minha parceira, pela política, pelo meu trabalho, pelas minhas brincadeiras, por mim mesmo e por tudo o mais que sou estimulado a fazer. Sendo assim, como soluciono essa questão com o meu senso culturalmente cultivado de que a produtividade me define, me dá um propósito e me provê uma base moral para as minhas decisões? Tudo isso é verdade para o meu eu social, não é?

Do mesmo modo que meus clientes, por décadas tive medo da minha tendência a procrastinar. Por que eu adiava tarefas que sabia que precisava concluir? Eu acordava e já me via diante de uma pia cheia de louças. A gaveta da minha escrivaninha guardava dois romances pela metade. Meu planejamento estratégico anual deveria estar pronto amanhã; hora de arrochar. Olhava para uma prateleira cheia de caixas bem-intencionadas e fechadas de cartões de agradecimento. Quem me impedia de concluir essas tarefas simples e projetos desafiadores? Por que as listas de tarefas por fazer se repetiam diariamente, lembrando-me da pilha de afazeres que não estavam sendo realizados? Assumi que eu era um procrastinador e, como tal, não era uma pessoa muito madura e responsável.

Acabamos de entrar no centro nervoso do superego.

Se o meu trabalho deve ser sempre produtivo, o meu fracasso é a procrastinação e a preguiça. Eu não deveria perceber que tudo acaba sendo feito, que quando estou supostamente procrastinando, na verdade estou apenas escolhendo fazer outras coisas, geralmente tarefas menores e menos desafiadoras. Quando interrompo um projeto? Principalmente quando encontro um obstáculo – muitas vezes uma variável surpreendente que conheço pouco. Devo pedir ajuda imediatamente? Não; demoro para isso, pensando que cabe a mim resolver. Enquanto isso, de alguma forma, cuido do resto da minha vida. Outra ocasião em que desabo e adio o próximo passo é quando idealizo o resultado. À medida que me aproximo do final do projeto, fica claro que meu modelo – o Grande Romance Americano, se sou escritor, ou o aplicativo para vírus, se sou programador – está fora de alcance. Eu não aceito que o romance que escrevi ou o aplicativo que desenvolvi seja bom o suficiente para a administração governamental e mereça ser concluído. O *Tao-Te King* contém uma ideia importante: de modo geral, o fracasso ocorre quando o sucesso está para ser alcançado (Cap. 64). Então, sou preguiçoso ou estou sendo intimidado por um superego que espera que eu saiba coisas que não sei e aperfeiçoe coisas que não posso?

Qual é a solução? Que tal esta? Não espero muito de mim mesmo e, ao final de um projeto, faço o possível para concluí-lo pela simples razão de ficar livre para fazer outra coisa. Talvez valha a pena experimentar esse tipo de atitude.

Ao término de três quartos de um projeto, a qualidade já está consolidada. Se houver mercado para o que criei – digamos este livro –, já terei atendido às expectativas desse mercado ou então provavelmente nunca o farei, por mais que eu edite, altere e "melhore" o que tenho principalmente no papel. Somos 80%, assim como o nosso público também é. É mais indulgente do que pensamos. Mas ficamos envolvidos em todo tipo de melindres, principalmente em razão da preocupação de não termos escondido os 20% de nós mesmos que podem ser um tanto confusos.

Por sermos máquinas criadoras de significado, confundimos o final de um pensamento, evento, projeto ou lição com um significado. Mas o fim é apenas o fim. Se você pensar bem, significado e fim são idênticos. Eles descrevem minha mente lendo para mim o que acabou de acontecer. Seja o que for, deveria terminar aí a fim de que eu estivesse livre para realizar uma próxima atividade sem nenhum problema. Porém, a maioria das pessoas pensa que o fim está incluído numa consequência e que o projeto *não está* concluído até que o mundo ofereça alguma espécie de reação por meio de vendas, premiações ou seus opostos. Deixe isso por conta do superego para poder pensar sempre à frente. Que tal se a consequência for só mais um início? A maioria dos escritores que conheço gosta de dispor palavras em ensaios ou livros. E as mesmas pessoas se aborrecem com o que acontece em seguida – as etapas de publicação e divulgação. Para mim, escrever um livro é diversão; vendê-lo é um tormento. Mas as pessoas que trabalham na editora podem pensar o contrário. Não é divertido esperar que um autor escreva um livro; o bom começa quando o manuscrito cai na mesa de trabalho. Os mesmos dois momentos prolongados; respostas opostas. Nenhum dos dois é mais importante, mais correto, melhor ou pior.

Quando perguntaram a Orson Welles sobre a emoção que ele preferia que o espectador sentisse ao sair do cinema, sua resposta foi muito simples: "Se você quer um final feliz, isso depende, claro, de onde você termina a sua história". Muitas pessoas não percebem que os motivos que as deixam preocupadas já ficaram muito para trás. Estamos perigosamente perto do território do amigo chato que vive cantarolando: "Relaxe". Se significado e propósito não são tudo aquilo que as pessoas acham, talvez eu já seja bastante produtivo e, Deus me acuda, deveria relaxar.

Duas metáforas contemporâneas para se sentir extenuado são "ficar sem largura de banda" e "multitarefa". Estranhamente, nenhuma delas é totalmente precisa. Nós, humanos, sempre operamos com a mesma largura de banda e quase ninguém se considera uma pessoa multitarefa. É difícil acreditar, mas meus dias agitados como pai de quatro filhos trabalhando num ambiente empresarial exigente tiveram tanta largura de banda quanto os meus dias dedicados à escrita, publicação, captação de clientes e jardinagem. O que chamamos de livre-arbítrio – a visão de nós mesmos operando segundo o princípio de causa e efeito – opera dentro de uma metafísica de banda única que só pode efetuar uma releitura de cada vez. Se penso que estou fazendo duas coisas ao mesmo tempo – olhando as folhas vermelhas da árvore enquanto atravesso a faixa de pedestres –, a metáfora apropriada seria a tecnologia de pacotes da Internet. Tomo um pouco de cuidado na faixa de pedestres, depois um pouco de observação das folhas, depois outro pouco de faixa de pedestres, outro pouco de folhas e assim por diante. Uma coisa de cada vez, num único fluxo de pensamento que corresponde exatamente a uma experiência em todos os momentos – aproximadamente a amplitude de um fragmento de frase. Minhas duas preocupações podem ser mais desagradáveis: terminar um projeto de trabalho enquanto aguardo o conselheiro escolar. Mas sempre acontece um de cada vez. Então, como posso ficar extenuado? O mito da multitarefa é tão difundido que pode parecer irrelevante desmascará-lo. A maioria dos pesquisadores não acredita em absoluto na multitarefa, e os que acreditam que algumas pessoas são capazes de fazer duas coisas ao mesmo tempo (menos de 3% da população, segundo um estudo) descobrem que ainda assim não conseguem fazer mais.

Aí vem o parasita de novo, chovendo no meu desfile. Se meus pensamentos estivessem restritos ao que está acontecendo agora, e no agora seguinte, e no seguinte ainda, como aconteceram, então eu não sentiria muito peso. Os momentos em geral são bastante simples e calmos desse jeito. Eles têm um início de curiosidade, um meio em que as variáveis que escolhi se combinam numa nova forma, e um fim de liberação e leve retomada. Quando o diabinho não está me atormentando, invento um quebra-cabeça para mim mesmo, resolvo-o e passo para a próxima ação. Deixados por conta própria, os momentos em geral parecem ter sua própria leveza de ser. Todos são notáveis e nenhum é muito mais importante que o outro. Parece uma brincadeira. No entanto, meu parasita discorda. Em seu constante alvoroço de restringir meus interesses à proteção mais mundana da espécie, o superego entra em meus pensamentos com julgamentos, listas e presságios de desgraças. Já falamos sobre julgamentos; vejamos agora as listas.

Somos criaturas ocupadas, humanos no século XXI. Temos agendas repletas de pessoas e acontecimentos, a maioria deles contribuindo para a nossa capacidade de manter os nossos bens, não apenas objetos materiais, mas também nossas relações familiares, nossas posições e nossa identidade pessoal. Temos muito que resolver e por isso temos listas de tarefas. Às vezes, são tantas coisas que preciso fazer uma lista, a qual se esparrama pela página, duas colunas, quarenta itens, cuja maioria provavelmente chegará a um ponto crítico em uma semana. Essa lista física é bastante útil para mim. Por um lado, ela me lembra de que dificilmente preciso aumentar minha produtividade, seja o que for que o meu superego possa pensar. Já estou ocupado!

Minha lista mental de tarefas é outra coisa. É um incômodo. Ela entra em minha mente sem que eu peça e, no modo habitual de intimidação do superego, expressa leve desprezo e desdém pela minha capacidade de manter as aparências. Essa lista – que geralmente se apresenta com um "ah, ah" – é estranhamente inútil. Como posso saber isso? Porque, por um tempo, eu lhe dei atenção especial e a acompanhei conforme aparecia; em média, algumas dezenas de vezes por dia. Ela poderia se repetir centenas de vezes ou mais – não sei –, mas a peguei várias vezes por hora. Como parte do meu diálogo com meu superego, pedi para ficar um pouco livre da minha lista de tarefas. A contragosto e advertindo que eu falharia em minhas responsabilidades, meu diabinho acabou concordando em me apresentar a lista uma vez de manhã e outra no final da tarde. E esse é o momento em que ouço a minha lista hoje, o que é suficiente para eu cumprir minhas tarefas programadas. Eu abro minha agenda ao levantar de manhã – esse é o nº 1 – e a consulto para o dia seguinte antes de dormir – esse é o nº 2. Quando meu superego quer me importunar entre um momento e outro, eu digo: "Obrigado, mas não preciso disso agora". Por outro lado, há dias em que esqueço e consigo abrir sozinho a agenda do meu *smartphone* para verificar novamente. Não preciso de um superego para me lembrar. Meu eu verdadeiro aceita meu esquecimento e não é irritante.

Muitas preocupações desaparecem quando eu tenho o controle da minha agenda, não meu diabinho. Mesmo que ela esteja cheia de expectativas de outras pessoas com relação a mim – compromissos urgentes, projetos sobrepostos –, posso repassá-la sem apreensões? Sem dúvida, posso acreditar que sou razoavelmente responsável. E se não me preocupo além do necessário com as tarefas que tenho pela frente, sentirei mais prazer quando estiver diante da nova atividade. Esse é o outro aspecto das listas de tarefas: elas categorizam. O critério inerente a elas é que os deveres nelas elencados têm mais valor do que tudo o que não incluem. Todos aceitamos isso. Se eu tivesse de escolher uma atividade recorrente relevante para mim praticamente todos os dias, como se ocupasse a melhor posição na lista, seria a minha caminhada até a cidade. Em torno de 85% do que é gostoso, verdadeiro e valioso no universo encontra-se numa simples caminhada de dez minutos.

Minha caminhada diária aparece em alguma lista de tarefas? Claro que não. Fui treinado a "esgueirar-me" na caminhada. Estou bem com isso, mas fica engraçado se penso no assunto.

Os itens na lista de tarefas do meu superego são atividades com maior probabilidade de ser evitadas: uma conversa desagradável, uma tarefa desafiadora e tudo o que chamamos de rotina. Se eu me lembrar delas frequentemente, elas "pesam mais", o que significa que desenvolveram suas próprias carapaças emocionais que se juntam às minhas. Uma coisa que descobri reduzindo a lista do meu superego foi que as atividades antes enfadonhas perderam muito peso. Se eu conseguia cumprir meu cronograma, a impressão era de que havia mais tempo, sendo muito provável que eu simplesmente realizasse a atividade seguinte do dia. Ao excluir os julgamentos e emoções das minhas atividades, a sensação de estar muito ocupado, carregado, oprimido e aborrecido desapareceu. Paradoxalmente, assumi mais compromissos; eles atraíram minha curiosidade e aptidões, mas não foram mais cansativos do que lavar a louça ou assistir à TV. Por outro lado, a TV deixou de ser uma distração, tornando-se uma atividade agradável e proveitosa. Tempo e esforço são equivalentes para mim, quer eu esteja atendendo clientes, escrevendo este livro, fazendo jardinagem, passeando ou assistindo à TV, e podem atrair igualmente minha curiosidade e minha capacidade de criar significado.

Mencionei anteriormente que cuido de mais de 300 arbustos, flores e árvores. Meu objetivo é entreter-me, distrair-me. Não estou aqui para aprender jardinagem. Tornei-me proficiente em outras atividades, desde tocar trombone e literatura americana na adolescência até jornalismo, gestão empresarial e coaching na idade adulta. Algumas pessoas continuam desenvolvendo novos interesses. Eu não, não hoje. Cada vez que tento – aulas de violão com Annie, um programa de mestrado em clássicos orientais –, meu superego reanima-se e me vejo de volta a um mundo de realizações, comparações e sofrimento. É uma chatice. O que não quer dizer que eu não tenha aprendido jardinagem; apenas não quis ser especialista. Permiti-me o luxo de tentativas e erros lentos e trabalhosos, plantando aqui e ali até formar uma coleção grande e, suspeito, completa de flores que me diverte o tempo todo. Eu olho, catalogo, respondo. Corto aqui e ali, limpo o mato, capino, adubo, molho minhas árvores frutíferas, colho algumas peras de cada vez, aparo a grama, rastelo e sopro as folhas, podo 30% do pessegueiro, vou até o viveiro buscar plantas de reposição, relva ou solo fértil – o que for preciso ser feito naquele dia.

Quer minhas plantas morram durante uma seca ou sobrevivam a um dilúvio, meus hábitos são os mesmos. Na maioria dos dias, em algum momento fico andando pelo pomar, olhando esses pequenos seres estranhos sob meus cuidados. Somos muito curiosos, nós, humanos, e o que nos instiga é a mudança. Então, sem pedir, minha mente percebe o que é diferente – uma nova brotação de gerânio elevando-se entre as samambaias, sépalas murchas onde ontem havia uma magnífica íris violeta, pêssegos desenvolvendo pelos, couves-de-bruxelas agora formando nervuras no caule, folhas de sicômoro apodrecendo numa pasta marrom-escura sob os gerânios.

Meu tempo não é desperdiçado nem preenchido. Eu *sinto* meu jardim. Simplesmente por ser fascinado por ele, meu quintal parece cuidar de si mesmo, principalmente as rosas brilhantes que conhecem tudo sobre preservação de recursos. Ao seguir com leveza meu propósito como jardineiro, consigo perscrutar através das minhas defesas e ver o espetáculo dos novos visuais florescendo, fenecendo, morrendo ou dormindo, reemergindo, enquanto essas pequenas vidas simples fazem o que fazem.

É um bom modelo para mim, entreter-me. Eu me divirto escrevendo, recebendo clientes, cuidando do jardim ou fazendo um passeio. *Tudo* é entretenimento. Apenas a escala difere. Alguns divertimentos são breves; outras atividades se estendem por meses. Quando surgem pensamentos ruins, e eles surgem, também estão se divertindo. Eles vêm e vão, às vezes formando uma atmosfera como a de roseiras murchando, perdendo flores e folhas e, algumas semanas depois, florescendo novamente.

Uma palavra sobre política. Pessoas na TV e no meu círculo de amigos e familiares me mostram incessantemente como ficar indignado, frustrado, preocupado e envergonhado com o andamento das coisas. Seja eu a favor ou contra a redistribuição da riqueza, a favor ou contra a justiça social, a favor ou contra o atual Supremo Tribunal ou o atual presidente, sou instigado a me irritar e incomodar. Meu superego adora isso, pois essas coisas facilitam muito mais seu trabalho. Meu parasita pode perder o controle no meio de todas as escolhas onde colocar minha ansiedade: mudanças climáticas, pobreza, oportunidades, caridade, religião, partido político, guerra, refugiados, fronteiras, aborto; a lista é interminável. Devo acreditar que a minha posição sobre cada um desses temas políticos é mais importante do que o interesse pelo meu maravilhoso jardim. Só posso responder com uma única palavra: *Sério*?

Eu voto, às vezes participo de passeatas e, durante meia hora quase todos os dias da semana, assisto ao noticiário na televisão. Algumas vezes na semana, folheio alguns jornais e revistas virtuais. De vez em quando acesso o X. É isso, e tenho certeza de que é suficiente para mim. *Você* pode ser um funcionário distrital ou lobista, especialista em política ou ativista. Então *você* terá bons motivos para dedicar mais tempo do que eu à política. *Você* tem o *seu* trabalho na rede de humanos que dão suporte à sua espécie; eu tenho o meu. Eu mantenho minhas preocupações sociais em grande parte separadas da minha experiência pessoal da vida. É disso que Jesus falava quando disse para darmos a César o que é de César. O que ele realmente queria dizer era para *não* darmos a César o que *não* é de César, o que equivale à maior parte da minha vida. Pelo que posso dizer, apesar do que a maioria dos pregadores diz, Jesus era totalmente apolítico. Ele não falava sobre redistribuição de riqueza quando disse que os pobres de espírito têm tudo em comparação com nós. A história do bom samaritano não trata da caridade, mas de Jesus descobrindo a universalidade inata da compaixão. Na visão de Cristo, os ricos não estão condenados porque são ricos, mas porque são obcecados por tudo o que acumulam. Os pobres não estão em situação melhor por terem pouco, mas por desistirem de querer coisas fúteis. Essas histórias têm muito mais a ver com a minha vida pessoal e quotidiana entre os meus vizinhos mais próximos do que com as minhas escolhas eleitorais.

Se estou no mundo da política e da justiça social, estou dividindo a população em valentões e vítimas, e gastando meu tempo tentando corrigir os erros. Para isso, preciso ver as pessoas através de suas identidades, o que prejudica a minha capacidade de empatia.

A indignação, a frustração, a ansiedade e a vergonha operam quando estou separado da compaixão; elas estruturam e suportam minhas defesas. Elas afastam outras pessoas como agressoras. Elas podem ser inebriantes, reforçando nossa sensação de ter um eu diferenciado e independente. Elas fazem tudo, exceto reconhecer que somos todos iguais e comuns em propósito e essência. Martin Luther King Jr. disse: "O ódio não pode expulsar o ódio. Só o amor pode fazer isso". Jesus disse que não existem inimigos. Se você conseguisse viver desse modo, poderia ficar mais próximo das pessoas próximas e menos preocupado com as pessoas distantes. Isso não o torna egoísta; isso significa que você está vivendo uma vida equilibrada. Morrem 150 mil pessoas diariamente no planeta. Um terço delas morre precocemente – por acidentes, guerras, doenças, fome, homicídios, negligência. Essas 50 mil pobres criaturas representam 1/150.000 dos 8 bilhões de almas disponíveis naquele dia. Por quais delas você é responsável, todos os dias? Você nunca ficará sem motivo para frustração ou preocupação se quiser se concentrar nessas 50 mil pessoas todos os dias. Outras 50 mil nascem todos os dias, sem esforço. E você nunca perceberá que a espécie se espalha por toda parte e chega a um número inconcebível, com quase todos os seus membros alimentados, vestidos e abrigados, bem como vivendo em média o dobro de tempo que viveram seus ancestrais nos 300 mil anos anteriores a 1900. O que estou dizendo é pouco conhecido e é claro que contribuo quando posso. Mas penso que você deve ter oportunidade para se divertir e se aprazer a maior parte do tempo possível, seja qual for o número de anos que lhe forem concedidos. Não é vergonha ser e viver feliz.

DEZESSEIS

DEUS E RELIGIÃO

Considerando que todos os que parecem estar indo bem com grande probabilidade são controlados pelo seu superego, por que eu me preocuparia em acalmar o meu? Ser diferente não é muito divertido. Já vivi o constrangimento do Ensino Fundamental. Eu realmente quero desenvolver uma nova maneira de ser um pária no mundo?

É verdade que o mundo mudará para você à medida que seu superego se retrair, mas não como você espera. Sua vida cotidiana não mudará muito, pelo menos externamente. Você terá os mesmos amigos e família, trabalho e férias, passatempos e música. Mas provavelmente perceberá uma ruptura em alguns aspectos mais individuais, especialmente com relação a Deus e à religião.

Por mais desconfortável que seja o assunto, é preciso dizer que a *espiritualidade* ergue sua cabeça grisalha quando o parasita se recolhe. Essa pode ser uma consequência impensada para você. Você pensou que estava se livrando de uma pestilência, mas, em seu lugar, surgem novas e peculiares percepções. Depois de trabalhar um pouco com o superego, por exemplo, ateus podem ter a experiência de Deus. Foi isso que aconteceu comigo. Cristãos e judeus podem se tornar budistas. Evangélicos podem questionar seus pregadores. Pense no seu superego como um conjunto de filtros. Ele não apenas restringe as escolhas que você faz às opções mais conservadoras, repetitivas, temerosas e desabonadoras realizáveis no dia a dia. Ao limitá-lo a um conjunto de circunstâncias, ele tende a desnudar o mundo de suas cores e de sua beleza desordenada e confusa. O resmungão num mundo de desconfiança vê apenas preto e branco. Aquele que explora possibilidades pode ver um arco-íris. À medida que o filtro preto e branco se liquefaz, cores novas e variadas despontam. O espectro é ilimitado.

Passei literalmente por isso depois das minhas conversas Gestalt com meu diabinho. Quando um bom número de filtros foram postos de lado, um dia tive a visão de um conjunto de cortinas de palco aveludadas se abrindo para expor primeiro um vislumbre, depois uma fração e, por fim, um panorama todo de espetáculos de luzes cintilantes e efeitos especiais. A metáfora não me passou despercebida e me ensinou a olhar além do comum. Com o tempo, o mundo físico cotidiano se tornou mais vívido, com cores saturadas como depois de uma chuva, mais bem delineadas e de alguma forma mais alegres. Meus sentidos foram recompensados antes mesmo de meus sistemas de crença começarem a se desintegrar.

Em parte, eu estava mais envolvido no momento em si. O parasita quer que eu fique desconfortável onde estou e me incita a considerar o quanto eu poderia ser mais feliz se as coisas fossem um pouco diferentes, um pouco melhores e mais produtivas. Sob sua influência, ignoro a beleza que está bem ao meu lado e me volto a um conjunto conceitual de possibilidades, tanto desejáveis quanto horríveis. Quando a voz do diabinho silenciou, detive-me em mais momentos do dia e descobri que havia encantos naturais dignos de ser apreciados.

Nós, humanos, mesmo os mais dogmaticamente ateus, somos todos metafísicos religiosos. Estamos todos curiosos para saber como *tudo* funciona. Na maioria das vezes, ficamos travados tentando fazer com que esse todo funcione melhor. Mas, se eu pudesse me acomodar no mundo como se ele fosse autossustentável, todas as minhas ideias de como viver uma vida boa virariam de cabeça para baixo. Para mim, esse mundo menos filtrado apresentava condições tão claramente diferentes, que me vi repensando todos os meus argumentos bem ponderados sobre Deus, sobre quem eu era em relação aos outros, sobre o que era importante e sobre o meu próprio propósito e sentido. Se houvesse mais coisas aqui quando eu removesse meu condicionamento, o que a visão ampliada poderia me oferecer?

À medida que esse mundo mais amplo se abre, como aconteceu comigo, talvez você precise lidar com concepções mais antigas sobre Deus e a religião. Como quaisquer suposições subjacentes, as espirituais precisam ser reveladas e desconstruídas por meio de um exame minucioso.

Isso pode ser especialmente perturbador para o seu superego, que pode resistir a tais explorações, alegando que, sem a estabilidade das suas crenças fundamentais sobre o que é, você flutuará para um mundo que carece de lógica e moralidade. Deus e a religião muitas vezes carregam o peso depreciativo do superego. Embora geralmente não seja sua intenção, os chefes espirituais – tanto os celestiais com barbas, raios e superpoderes, quanto os tipos pregador/guru/imã/rabino de carne e osso – têm sua própria maneira de me fazer curvar de medo. Eles podem me ameaçar com o pecado original, com o inferno, o apedrejamento, o ostracismo ou com um cartão de doação de um dízimo que não quero pagar. Como pais, eles aparecem frequentemente no papel de autoridades superiores. E como inferior a eles, sou reduzido a uma criança de sete anos. Você já se sentiu culpado? Você não encolhe frente à sua própria avaliação?

Todas as instituições, inclusive as religiosas, têm um componente de contenção social, limitando suas possibilidades. Todas são como o Ensino Médio, com seus passes de autorização e lugares definidos, e uma figura de autoridade na frente dizendo-lhe o que fazer. Participamos de clubes, religiões, escolas e grupos do Facebook com a intenção de nos aprimorar. Pelo menos é o que pensamos. Ao fazer isso, acima de tudo assumimos uma identidade tribal. Estou na tribo Batista. Estou na tribo Grateful Dead (banda de rock). Estou na tribo da jardinagem. Estou na tribo dos assistentes sociais. Como adultos civilizados vivendo entre estranhos, estamos desesperados por encontrar uma tribo segura na qual possamos confiar durante parte da nossa vida. Aderindo aos mesmos valores dos demais membros do clube, posso prever com segurança o futuro entre eles. A mesma situação pode não ocorrer no meu bairro, pois pessoas estranhas e perigosas podem domiciliar-se no quarteirão ou, Deus me livre, na casa vizinha com festas e alto-falantes ruidosos.

Praticamente invisível para nós é o fato de que, ao filiar-nos a um clube, também demonstramos que somos diferentes e provavelmente melhores do que as pessoas que não fazem parte da agremiação. Todas essas identidades podem acabar provocando cismas religiosos, guerras, conflitos fronteiriços, ressentimentos, clamores de racismo, intimidação e vitimização. Ninguém vence uma guerra de identidade; é sempre apenas uma briga de pátio de escola. Em termos do grande número de pessoas mortas em razão de guerras de identidade, a religião ocupa o primeiro ou o segundo lugar como instigadora do horror humano. Em uma escala menor, ela é causa de divisões ainda maiores – separando as pessoas – do que as provocadas pela política. Então, por que consideramos e respeitamos tanto as instituições religiosas?

Talvez nós, humanos, precisemos de um espaço onde levantar as grandes questões: O que sou e como me diferencio de outras pessoas e coisas? O que mantém tudo interligado? Qual é o meu propósito e significado? Precisamos de um espaço físico onde seja seguro fazer essas perguntas. Essas são diferentes destas: O que é justo? O que é meu e o que pertence aos outros? Como eu partilho? Estas últimas são questões sociais cujas respostas são encaminhadas pelas autoridades civis.

O problema com as religiões é que elas acabam se imiscuindo nessas questões civis em vez de se aterem ao objetivo de suas origens, que é explicar a natureza como ela é. Novamente: a lei natural autoriza; a lei humana limita. Com frequência as religiões não diferenciam com discernimento e substituem a lei natural – o território da busca interior de significado de um indivíduo – pelas leis humanas – pelo território do superego.

O *Tao-Te King* é em geral lido como duas obras interligadas, mas separadas. Simplificando, *Tao* significa natureza verdadeira, *Te* significa virtude. Lei natural e lei humana. A maioria das religiões confunde as duas, porém. Esse é um grande problema, não apenas no Islã com sua lei da sharia. Jesus abordou essa questão de uma forma que ficou muito conhecida quando ensinou a dar a César o que é de César. O que a maioria dos clérigos não destaca é que Jesus quase nunca abordou a lei humana, a virtude ou a ética. A política não estava entre seus interesses, do contrário ele poderia ter conseguido salvar sua vida. Apesar de Jesus não falar nem discutir sobre instituições sociais, é bem difícil encontrar um pregador católico, protestante ou oriental que não fale sobre justiça social. Tentar conciliar ética com metafísica é causar confusão, mas todas as religiões fazem isso, e normalmente acabam turvando suas águas. No Budismo, a doutrina central está condensada no nobre caminho óctuplo, algo desconhecido de Buda em sua jornada para a iluminação. Em essência, trata-se de um código de ética prático, social e político. No Cristianismo, a doutrina central é a moralidade paulina, a culpa de saber o que é certo, mas fazer o que é errado. O próprio Jesus nada disse sobre certo e errado, e moldou seu modo de ser rejeitando os totens e as restrições da religião em que foi criado.

Buda e Jesus eram dois seres com mente independente que apreendiam verdades sobre a natureza mesma da vida – ou pelo menos como os seres humanos a interpretam – que outros não haviam percebido. Eles ignoraram seus superegos e se abriram para todas as possibilidades. Depois de repelir a fortuna e a fama, na solidão do deserto antes de iniciar sua pregação, Jesus se deu conta de que na cidade os perdedores tinham mais sucesso do que os vencedores podiam imaginar. Por sua vez, numa jornada pessoal semelhante que incluiu a adoção e o abandono das religiões da sua cultura, Buda percebeu que tudo está em fluxo, fenecendo e renascendo bem diante dos nossos olhos. Essas eram inquirições metafísicas. Eram questões sobre quem somos como seres humanos vivendo num mundo natural e comportamental que claramente se regia por princípios que transcendiam a biologia e a ética.

Que diabo interfere nesses atraentes sistemas metafísicos e os lança na área de importunações do nosso superego? Como Deus passa de uma presença incognoscível a pai severo? Como uma inquirição filosófica aberta se transforma em julgamentos religiosos asfixiantes? No anseio de pertencer, talvez liberemos o superego para forçar a congruência com nós mesmos. O pequeno e vil parasita atrás das nossas orelhas está sempre a favor da estreita vida da classe média que não sabe nada.

Você se lembra da mentira que ele contou quando tínhamos sete anos? “Se eu não obedecer e respeitar mamãe ou papai, vou ser expulso de casa”. Isso se torna: “Se eu não me juntar ao bando certo de humanos, vou ser jogado aos lobos”. A religião pode ser o bando certo que me livra do medo de ser excluído. Se a religião que escolhi assume esse papel, qualquer outra se torna muito perigosa. Então, o meu Deus se transforma no único Deus de valor e precisa ser fortalecido e apregoado para que eu possa ajudar o meu grupo protetor a se expandir com a determinação de uma espécie em luta na natureza. Mas, para que tenha condições de competir, o meu Deus precisa ser o *mais* onisciente, o *mais* onipresente e o *mais* dominante. Como assinala o jesuíta Tom Weston: Você sabe que criou Deus à sua imagem quando Ele odeia as mesmas pessoas que você. É difícil dizer quem assume a defensiva primeiro, o bando de humanos a favor de Deus ou o próprio Deus. Por fim, porém, o superego consegue reproduzir a postura defensiva intimidadora de ambos: não é seguro se você não se ajustar às regras do bando, e você é condenado se não obedecer ao seu poderoso Deus.

O ateísmo pode ser uma resposta metafísica ao condicionamento religioso, mas ele também acaba assumindo uma posição defensiva, inclusive com relação ao próprio bando. "Não acredito em Deus" se torna "Não confio nas opiniões das pessoas que acreditam em Deus". Como ateu de carteirinha durante grande parte da minha vida, desprezei os crentes religiosos. Eu tinha meu próprio superego ateu furioso. Garanto a você que não ser supersticioso pode ser uma identidade tanto quanto ser supersticioso. O ateísmo me levou a adotar o empirismo materialista. Coisas são coisas e o que se vê é o que se tem; isso é tudo que existe. O debate deixou de existir. Na verdade, é a mesma coisa que suprimir o debate em torno de uma visão única da vida após a morte. Se adotei um modelo-padrão da vida após a morte e como as minhas escolhas éticas enquanto existo o afetam – talvez um modelo de carma, um modelo de absolvição católica ou um modelo de virgens à minha espera –, excluí outras possibilidades. Meu superego fica satisfeito desde que eu me adapte a um único modelo que me impeça de mudar de opinião, quer eu queira, quer não. Se estou sob o controle de um sistema de crenças – qualquer sistema –, posso me transformar numa engrenagem produtiva que evangeliza e constrói um sistema de apoio em constante expansão para meus irmãos crentes. Deus se torna papai ou mamãe exatamente da mesma forma que meu salário cuida de mim e me infantiliza. Assim, algumas pessoas substituem o medo da mãe ou pai desrespeitosos por um desprezo intermediário de um Deus levemente vingativo.

Porém, há uma saída; na verdade, há muitas maneiras de evitar que Deus e a religião se reduzam a um pai superior. Posso acreditar em Deus sem rebaixamento. No entanto, não tenho certeza se posso saber isso até que meu superego se retraia.

E mais, a melhor notícia é que isso acontece sem que eu queira. Apenas despindo-me das minhas defesas, uma visão mais livre de Deus e da realidade se revela por si mesma. Para mim, começou com a luminescência física que descrevi anteriormente, que emergiu à medida que minhas batalhas com meu parasita diminuíam. O que veio em seguida foi uma série de novas atitudes em relação às pessoas, ao significado e especialmente ao desconhecido. Embora eu sempre tivesse suposto que o desconhecido era incognoscível, agora ele me chegava de todas as maneiras por meio de conceitos e palavras surpreendentes. Um dia tudo poderia se dissolver numa unidade abrangente; outro dia cada objeto reluzia. Essas experiências duravam um momento, ou alguns minutos, ou mesmo uma hora.

Elas não interferiam na minha vida cotidiana, parecendo perturbar apenas meus sistemas de crença familiares.

Inadvertidamente, enveredei pelo caminho da iluminação – do tipo que as filosofias e religiões orientais discutem – e o meu interesse em seguir esse novo universo de significados e momentos rapidamente se intensificou. Não vou aborrecer você com os detalhes; existem livros mais do que suficientes que descrevem reinos metafísicos espirituais. A maioria deles parece meio exibicionista. Basta que minhas habilidades de busca da verdade, aprimoradas na juventude e desenvolvidas como racionalista adulto, sejam tão relevantes para o empreendimento espiritual quanto foram como um sabe-tudo em minhas atividades de jornalismo e marketing empresarial. A única diferença era que, gostando ou não, eu estava buscando a verdade da minha própria experiência, não da minha cultura ou de uma autoridade.

Sem a interferência do meu parasita, foi muito fácil. Sem um censor, pude testar toda premissa, todo conjunto de condições e toda galáxia conceitual. A mesma coisa acontece com meus clientes, e eles se divertem muito com isso. Muitos deuses ficam disponíveis, dependendo do que surge no momento. Temos o Deus do amor, o amante da verdade, a consciência de Cristo, o Buda desapegado, o Brahma da absorção, o animista selvagem, o Emerson transcendental, o Buda Zen perturbador, o Deus autocriativo, o Shiva destrutivo, o Tao, Alá, o revelador, o Bem de Platão, o primeiro motor de Aristóteles, o Big Bang da física e assim por diante... vale a pena visitar todos. Para a maioria deles, sou feito da mesma essência que o Deus que está disponível e, assim, ao visitar as condições de um desses reinos, não posso ser desdenhado. Posso ser humilhado, mas não insultado.

Outra maneira de dizer isso é que, quando meu parasita sai da minha cabeça, minha mente fica livre para se divertir. Sim, tenho meus deveres e responsabilidades sociais, minhas preocupações com o planeta e as espécies, mas só até certo ponto. Também posso ficar fascinado pelo que está bem ao meu redor, agora, um novo mundo que acena, brilha e me mantém, no momento e durante toda a minha vida, para ser percebido, examinado, inalado e exalado com cada respiração.

Como eu poderia não ficar fascinado por este mundo depois da remoção dos filtros?

DEZESSETE

AMOR

Falei sobre conflito enfatizando seu sentido imediato. Nossas defesas aumentam de repente e a loucura começa. O conflito aparece, é resolvido e desaparece, às vezes em menos de um minuto. O paradigma é mamãe gritando comigo por eu não recolher a mesa ou papai me criticando pela velocidade do taco de beisebol. Porém, o superego guarda truques mais insidiosos na manga. Ele nos envolve na ameaça constante da constelação de experiências que chamamos de "sentimentos feridos".

Pareceria desumano viver sem medo de ferir os sentimentos das pessoas ou de ter os meus próprios sentimentos feridos. Muitas pessoas acreditam que a estrutura emocional dos sentimentos lhes dá energia e compaixão. Mas e se isso estiver errado? E se os sentimentos feridos nos forem impostos por um parasita que quer que nos acovardemos e tremamos? Como seria a vida sem sentimentos feridos?

Aos 12 anos de idade, você não cantarolava a canção infantil "paus e pedras"[8] com muita facilidade. Como adulto, você não acredita que palavras de rejeição e insulto de outras pessoas machucam?

Como observamos anteriormente, o superego tomou as palavras "ferir" e "dor" emprestadas do *id*, provavelmente para acrescentar urgência e perigo até ao mais moderado conflito inconsequente. Porém, não existe nenhuma entidade física chamada sentimento que possa ser ferida como meu braço ou peito. Dizer meu "sentimento" foi "ferido" é, no máximo, uma metáfora. E o que exatamente é um "sentimento"? "Sentir" algo literalmente é usar o sentido físico do tato, certo? A etimologia de "sentir" remete a toque, ao ato de tocar (e, estranhamente, ao sentido do paladar). Mas um sentimento emocional não pode ser tocado (ou saboreado). Em termos literais, não consigo desenvolver um sentimento emocional. Um sentimento emocional não pode ser amputado. Contudo, a metáfora está intacta: digo que desenvolvi um sentimento por alguém ou que os meus sentimentos foram decepados. Insisto constantemente comigo mesmo em que os sentimentos são reais e não me dou conta de que estou falando em metáfora. Esse é o poder

8. Referência a um antigo ditado inglês que diz: *"sticks and stones may break my bones, but words can never hurt me"* [paus e pedras podem quebrar meus ossos, mas palavras nunca podem me ferir.] (N. da P.)

do meu superego parasita. Sentimentos emocionais me são transmitidos como parte do meu treinamento social. Eles são pouco mais que hábitos mentais. Meu estado natural de felicidade e aceitação não oscila para cima e para baixo, caindo na tristeza e subindo na euforia vertiginosa. Meu estado natural é como que indiferente às emoções; ele está no meio, dificilmente perturbado.

Você não precisa acreditar no que digo nem nas Escrituras dos mestres budistas, autoridades maiores na descrição da equanimidade. Apenas ocupe-se com seu superego durante algum tempo e veja o que acontece. Para a maioria dos meus clientes, a volatilidade emocional diminui acentuadamente. Imagine quanto suas inseguranças são intensificadas pela ansiedade – o medo de que seu superego o castigue por fazer a escolha errada. A ansiedade diminui à medida que o controle do superego perde força, desacelerando com ela a montanha-russa emocional.

"Minha mãe ainda pode parecer irritantemente egoísta", me disse Adriana durante uma sessão. Elas haviam se distanciado um pouco tempo antes porque a mãe não a protegera de um pai abusivo. "Mas depois do meu trabalho com você, isso não me incomoda muito. O estranho é que não me sinto tão fria com ela. Quando eu a olhava do meu ponto de vista anterior, eu a rejeitava. Agora que não tenho mais a preocupação de que ela possa me deixar em perigo, posso tê-la por perto. Nem mesmo preciso perdoá-la. Suas inseguranças são problema dela, não meu. Na verdade, ela é uma pessoa bem legal do seu jeito."

Adriana não está dando maior atenção ao que sua mãe exterioriza. Ela se sente mais afetuosa, apesar de não mais levar as palavras da mãe muito a sério. Nós acreditamos que o amor e a amizade se localizam nas profundezas obscuras das emoções dentro de nós, mas de fato estão sempre aqui e agora, disponíveis dentro e fora, apenas bloqueados pelas nossas defesas. Na verdade, em sua leveza de ser, Adriana está mais próxima da mãe do que antes. Sem palavras para isso, ela pode inclusive ver a mãe em seu modo de ser natural e luminoso. Adriana pode perceber que todos têm um eu natural e esplêndido oculto sob suas defesas. Mas antes ela precisou aprender sobre seu próprio esplêndido e natural eu, encoberto por seu parasita pessoal.

James estava abatido, praticamente derrotado, quando me procurou pela primeira vez. Crescendo numa família de seis pessoas, ele se sentia despercebido e incompreendido, mas aos trinta e poucos anos passou a acreditar que havia algo errado com ele. Ele ocupava um bom cargo de gerência intermediária em recursos humanos e tinha esposa e dois filhos. Consigo mesmo, porém, sentia-se vazio e insatisfeito. Achava que não pertencia a este planeta. Não alimentava pensamentos suicidas, apenas se sentia desamparado e impotente.

Se sua defesa habitual é o retraimento, resultante da preocupação de não ser visto como é, você está propenso a uma vida inteira de sentimentos feridos e autopiedade. Mas o lado inverso é que você abriga um superpoder oculto. Se o fizer da maneira certa, chafurdar na autopiedade pode fechar a ferida. Sua vantagem é que, em vez de evitar ou negar o sentimento ferido, você o traz para perto, o que lhe dá meia oportunidade.

Pedi a James que fizesse um experimento bobo. (A propósito, não peço aos meus clientes que façam coisas que eu mesmo não fiz.) No intervalo do almoço, James devia andar pelas calçadas de São Francisco e passear entre os transeuntes apressados, repetindo numa cantilena silenciosa: "Ninguém me ama, ninguém se importa".

Na sessão seguinte, James disse, rindo: "Fiz o que você pediu. Foi muito ridículo. Não só por ser infantil, mas também porque de imediato me pareceu muito engraçado. No início, a sensação era de melancolia, porém, já na terceira repetição, tudo melhorou. Pela décima, eu estava zonzo. O que vem a ser isso?".

Como o seu superego ou o meu, o de James lhe sussurrou durante toda sua vida palavras muito próximas destas: "Ninguém te ama, ninguém se importa". O detestável parasita quase o convenceu de que, se ele não entrasse nos eixos e endireitasse, todos o abandonariam. Mas quando James ouviu essa mensagem em voz alta na sua cabeça, ele se deu conta da idiotice e suscetibilidade infantil dessas palavras. O que parecia desanimador enquanto era subvocal, tornou-se ridículo ao chegar à superfície. Tente você mesmo. Veja quantas vezes você consegue repetir em público para si mesmo "Ninguém me ama, ninguém se importa" antes de começar a rir.

Supostamente, os sentimentos feridos são causados por palavras e ações insultuosas. No entanto, a pessoa que insulta está apenas defendendo seus próprios sentimentos feridos. Não somos apenas projeções falando com projeções, mas nossos sentimentos feridos são desencadeados pelos sentimentos feridos de outras pessoas. Isso pode continuar e continua indefinidamente, num movimento recorrente e repetitivo. Quem vence? O superego, que faz com que me sinta pequeno, magoado e ansioso. Se sou aviltado, ele pode fazer o que quer comigo, controlar meus comportamentos e me manter nos limites de suas rotinas seguras. Sou pequeno e chato, até para mim mesmo. Mas, se não estou preocupado com sentimentos feridos, seu conselho se torna trivial para mim. Tenho outras estratégias e percepções além das suas favoritas e, como adulto, posso resolver agir de acordo com elas.

Se você se sente desconfortável com a ideia de que os sentimentos feridos não são uma parte necessária da sua vida, você não está sozinho. Apenas comunidades budistas parecem aceitar sem questionar esse conceito de que as emoções negativas são construções mentais desnecessárias. A maioria de nós acredita que a humanidade está ligada à nossa capacidade de sofrer e que o ódio é o oposto do amor. Não estou lhe pedindo que desista dessas ideias. Mas pode valer a pena examinar se você passa mais tempo do que o necessário com sentimentos feridos; reduzir o fardo destes é uma forma de abrir a porta para a satisfação e a liberdade.

É possível livrar-se completamente da capacidade de ser ferido? Não sei. A questão não é essa. Na minha sétima década de vida, sou desencadeado pelas mesmas tribulações que sempre me afligiram. Mas quanto antes eu conseguir me distanciar dos sinais de volatilidade emocional, mais rapidamente poderei olhar com clareza para o que acontece, sem o filtro das demandas urgentes do meu superego. Sua responsabilidade não é não ser desencadeado, mas manter os olhos fixos na situação após a reação inicial ter passado. A reação desencadeada torna-se um espetáculo secundário incômodo e, ao final, percebo que ninguém está me atacando, que não estou em perigo e que posso tomar minhas próprias decisões. Quando isso acontece, posso também não ter sentimentos feridos. Caso os tenha, eles passam rapidamente, não levando mais a períodos de mau humor, a explosões de raiva ou a críticas sarcásticas. A liberdade chega quase de imediato.

DEZOITO

A ARTE DE VIVER DIAS MELHORES

Chegamos ao fim. Você apreendeu quase tudo o que sei sobre meu superego, sua influência sobre mim e métodos para enfraquecê-lo. As técnicas que apresentei são as mesmas que usei para tirar meu diabinho da minha cabeça, do meu ombro e bem dali, à direita, nos limites da minha visão periférica. Ele está bastante longe para que eu possa ouvi-lo, e sua cara feia não perturba a minha visão. Não imagino como ele passa seus dias, e também não me interessa. Quando ele volta e ameaça falar, eu digo: "Sei que é você, meu superego", e lhe aponto um dedo imaginário de advertência. Ele se evapora como um vampiro à luz do dia. Não foi fácil chegar a esse ponto em nosso relacionamento. Foram necessários vários anos de esforço persistente para minha própria defesa. Precisei suportar meus sofrimentos - grandes e pequenos - por bastante tempo para me tornar cauteloso e ser capaz de absorver lições. Mas as recompensas ao longo do caminho foram constantes e ricas. Sempre que eu afugentava o meu diabinho de uma sala, ela se abria para todo um universo de sentimentos e objetos fascinantes. Minha vida hoje é comum como sempre foi. Tenho clientes, escrevo, faço jardinagem, cozinho, assisto a filmes de detetives escandinavos à noite com minha mulher e faço tudo de novo no dia seguinte. Às vezes, visito amigos ou familiares. Não tenho ambição, mas realizo muitos projetos. Enquanto isso, em geral me divirto com as coisas, acho quase todo mundo fascinante e adorável e resgato frações do sarcasmo que praticava no passado. Eu me sinto vivo, vulnerável a tudo e disponível para qualquer coisa ou pessoa, sem medo ou favor. E, o melhor de tudo, nunca me falta amor.

A mentira mais cruel sussurrada pelo seu superego é que você não merece ser amado. Sempre que você se sente solitário, procura uma companheira ou começa a odiar alguém, seu superego afirma impiedosamente que você não merece amor. Em essência, silenciar o superego equivale a encontrar o amor. Talvez essa afirmação lhe soe encantadora e romântica. Pode ser, mas um amor verdadeiro também é prático e comum.

Para que o superego imponha sua moralidade rígida - a busca incansável da produtividade social -, ele precisa ter certeza de que você tem pouca consideração por si mesmo como indivíduo. Sua única preocupação deve ser a de empenhar todas as suas forças para proteger a espécie, sempre tendo em vista os interesses sociais. Isso pode significar lavar a louça para a família ou trabalhar suas oito horas por dia. Depois de cumprir suas obrigações, você pode soltar um pouco as rédeas, mas é recomendável usar esse tempo para pensar nas tarefas do dia seguinte em vez de sonhar acordado ou esmiuçar seu eu interior.

O superego *quer* que você se sinta vazio se não tiver um propósito social. Seu parasita o leva a se perceber sem sentido, entediado e apático, e o estimula a buscar mentalmente algo melhor do que ficar sozinho e inativo. Isso reforça a ideia de que não vale a pena *ser* uma pessoa, a menos que você *faça* alguma coisa. Não tendo valor sem suas características produtivas, essencialmente você não é digno de ser amado. Quem amaria uma bolha vazia? Que valor ela teria?

Aí está o problema. Na visão do superego, meu valor é uma transação: se sou útil a uma pessoa, sou digno e, quando apropriado, amável. Quando projetamos nos outros o que temos de mais atraente, nós os estimulamos a também ser encantadores, e assim nos igualamos em comportamentos amorosos úteis. Eu ajo como se amasse você, e talvez você aja como se me amasse. Como um ser bastante único e útil, eu amo você e espero o mesmo em troca. Há meio século, o brilhante psicólogo R. D. Laing descreveu o seguinte diálogo de uma projeção para outra em seu livro *Knots* ["Nós"]. Eis um desses nós:

Narciso apaixonou-se por sua imagem, imaginando ser outro.

Jack se apaixona pela imagem que Jill tem de Jack, imaginando ser ele mesmo.

Ela não pode morrer, pois ele perderia a si mesmo.

Ele fica enciumado se a imagem de outra pessoa se reflete no espelho dela.

Jill é um espelho distorcido para si mesma.

Jill precisa se distorcer para aparecer sem distorções para si mesma.

Para se distorcer, ela encontra Jack para distorcer sua imagem distorcida no espelho distorcedor dele.

Ela espera que a distorção dele da distorção dela possa desdistorcer a imagem dela sem que ela precise se distorcer.

Mesmo que você pense que o amor entre duas pessoas é mais do que uma projeção alimentando uma projeção, seu medo ainda é que a outra pessoa possa se afastar e deixá-lo. Fazemos todo tipo de promessas aos nossos entes queridos na esperança de evitar o abandono. "Vou voltar amanhã. Vou sentir sua falta. Espere-me. Vou pensar em você hoje." Por que os votos são tão importantes num casamento? Você pensaria que o único momento em que não teria de se preocupar em perder seria durante um rito de união. Negativo. Os votos matrimoniais são públicos e a sociedade adora a ideia de que todo indivíduo é fraco e precisa ser controlado, corrigido, pressionado, envergonhado e mantido na linha para fins de produtividade. Que amolação!

Mas, se você pudesse calar o superego e impedi-lo de buscar apenas valores de uso prático, você poderia ser amável o tempo todo apenas vivendo. O amor não pode ser uma ocorrência episódica, mas um estado de ser constante, acessível a qualquer momento sempre que quisesse.

E se o amor for simplesmente o modo de ser das coisas quando não estou separado delas? Se não toda, a maior parte da minha condição de afastamento e separação é defensiva, motivada e sustentada pelo meu parasita. Se eu conseguir me relacionar com outras coisas e pessoas, sem desconfianças, talvez eu possa me manter num espaço de amor mais constante.

O amor tem sabores diferentes: a qualquer momento, ele pode se manifestar de modo infantil, romântico, apaixonado, impessoal, amigável, empático, indulgente ou compassivo. Achamos que nossas ações controlam o tipo de amor que aparecerá, mas talvez isso esteja errado. Eu tinha quase sessenta anos quando ouvi alguém dizer: "Compaixão é o amor que surge na presença do sofrimento". Tudo o que eu pensava saber sobre o amor desapareceu instantaneamente. Nessa afirmação, ninguém tem controle sobre o amor. Em vez disso, um espaço de amor já presente se expande e assume a forma certa para atender às circunstâncias. Se estou com um amigo, o amor pode ser amigável. Com uma parceira, pode ser apaixonado. Com o caixa do banco, pode ser impessoal. Eu não escolho; o momento é que escolhe. Posso apreciar o amor se sou passivo diante de sua oscilação?

Compaixão é a forma de amor mais comum na vida cotidiana. Vivemos entre reclamantes reclamando. Isso faz sentido, uma vez que sobrecarregamos a nossa vida civilizada com tantas coisas e atitudes para adquirir, valorizar, exibir, empregar e manter; qualquer coisa que não atenda às nossas necessidades de sobrevivência de alimento, abrigo, vestuário e segurança acaba nos levando a uma toca de coelho de sofrimento. O que é adquirido se perde, o que é utilizado se descarta, o que é guardado se desgasta. Reclamar é a nossa maneira engenhosa de lidar com todo esse sofrimento. Reclamamos para nos livrar da reclamação. Nós, humanos civilizados, reclamamos praticamente de tudo. Na melhor das hipóteses, ouvimos as reclamações uns dos outros. É uma sinfonia constante em toda parte. Compaixão é tudo isso: ouvir enquanto o sofrimento se manifesta. Somos nós dispondo-nos à manifestação do sofrimento e possivelmente percebendo o espaço de amor que o acompanha e nos envolve a ambos.

No conto medieval do Rei Pescador[9], conforme narrado por Wolfram de Eschenbach, o cavaleiro Parsival, em sua busca do Graal, finalmente chega a um misterioso mártir que sofre

9. Essa versão da história do Rei Pescador foi contada no início do século XIII pelo poeta alemão Wolfram von Eschenbach em *Parzival: A Romance of the Middle Ages* (tradução Mustard/Passage, Nova York: Vintage, 1961). Como muitas parábolas contadas duas vezes, o final do encontro do Santo Graal por Parsival tem uma moral diferente de outras versões. Isso me lembra de mencionar que as interpretações bíblicas que faço, seja da história do Jardim do Éden, do Sermão da Montanha, seja de qualquer outra referência passageira, são exclusivamente minhas. Tenho tendência a ficar longe dos teólogos hoje em dia; em geral, eles me parecem excessivamente preocupados com o mundo de César.

dores atrozes enquanto protege o cálice sagrado. O jovem cavaleiro permanece respeitosamente silencioso, como sua mãe o ensinara a fazer quando estivesse próximo de pessoas idosas, e o Graal continua escondido. Parsival toma seu caminho de volta desanimado. Com a desonra do fracasso em sua missão, o cavaleiro passa os anos seguintes vagando, participando de justas e recebendo lições de vida antes de retornar ao retiro do mártir. Nessa segunda visita, porém, ele pronuncia as palavras mágicas: "O que o aflige?". O mártir recebe a cura no mesmo instante e o Santo Graal aparece e é entregue a Parsival para que o proteja.

"O que o aflige? Fale-me sobre isso." Compaixão é isto: interesse pelo sofrimento de outra pessoa, sem sequer saber como aliviá-lo. Se reclamamos para nos livrar da reclamação, tudo o que precisamos para nos curar é de alguém que nos escute. O mártir na história é Cristo, claro, lembrando-me de que a empatia requer duas atitudes: estou tranquilo em perguntar sobre o sofrimento e estou disposto a revelar-me como a pessoa que pergunta. Não foi suficiente Parsival perguntar a si mesmo por que o mártir sofria. Como qualquer pessoa faria, ele fez isso em sua primeira visita. Todos somos curiosos sobre o sofrimento. Mas será que nos envolvemos ativamente com o sofrimento de outra pessoa ou nos afastamos dele silenciosamente na esperança de não sermos lembrados do nosso próprio sofrimento?

Compaixão é o ato de permitir que o sofrimento se exponha e floresça como se fosse uma rosa fascinante. E todas as outras formas de amor operam do mesmo modo. Deixe que se exponham. Já estão aí; o único ardil é interessar-se pelo que está ao seu redor, não pelas suas próprias necessidades. Se você acha que precisa de amor, talvez nunca o encontre.

Quando o seu superego se aquieta e as suas defesas diminuem, abra-se imediatamente à curiosidade, e logo o amor e a verdade entrarão. A curiosidade perscruta o que lhe está próximo com alegria; então, conscientizando-se de seu eu relacional, o amor aparece e, mantendo um olhar mais observador, a verdade se revela. São reinos fascinantes que se juntam e se separam conforme seus interesses mudam. Espaços de amor e de verdade podem aparecer de muitas maneiras e estão sempre em movimento. Centenas de livros descrevem esses espaços, sob rótulos como nirvana, céu, autorrealização, êxtase, iluminação ou o que quer que seja. Todas são descrições verdadeiras – isto é, correspondentes às crenças do autor na época em que tiveram a experiência descrita. Você pode ter uma experiência como um desses autores ou algo completamente diferente. Não importa. Apenas esteja preparado para surpresas espetaculares que podem se manifestar a você, à sua vida e às suas experiências quando você se desfizer das suas defesas. Pessoalmente, procuro não prevê-las ou antecipá-las; quando faço isso, só encontro outra forma de sofrimento. Por fim, depois de você desfazer todas as posturas defensivas que quiser, o amor e a verdade surgirão por si sós, como no sonho de um mandrião, chegando sem desejo ou esforço. Talvez você estivesse procurando há muito tempo, com sua busca escondida dentro do seu esforço repetitivo para remover suas defesas. Talvez você seja Parsival desmontando do cavalo, retirando habilmente a armadura, olhando ao redor, sorrindo, respirando o ar puro e perguntando: "Ei, o que está acontecendo aqui?".

Você deve ter notado que não falo em livrar-se do superego, eliminá-lo ou jogá-lo no esquecimento. Não tenho certeza se isso é possível para um humano vivendo entre humanos. E isso é muito ruim, porque um pouco de preocupação pode ajudar muito. Por outro lado, contudo, a ideia de perfeição é o seu próprio museu de torturas. Se não preciso me aperfeiçoar, estou livre para passar o tempo ou me divertir, como um gatinho correndo atrás de uma bola ou uma criança numa tirolesa atravessando uma floresta tropical – atividades que parecem perfeitas para o mundo do entretenimento. A preocupação e a tristeza – os abrigos do parasita debochado – são pesadas e pretas e brancas. Às vezes, filmes antigos medíocres são apropriados, porém, e o mundo sombrio também é real. Sentir-se perdido pode ser o seu portal para novos mundos. Por que eu não aceitaria isso?

E, no entanto, o mundo sombrio, produtivo, preto e branco, defensivo, de projeção, de preferência e hierárquico é apenas uma fração da realidade. Existem muitos e muitos mundos possíveis sem essas péssimas condições. Por que eu não gostaria de visitá-los e trazê-los de volta à minha vidinha como a luz e o arco-íris de possibilidades que estão aqui, agora, disponíveis e brilhando?

Não preciso de perfeição e não preciso de isolamento. Se eu quiser encontrar a verdade, a liberdade, o amor e o contentamento – e creio que é uma lista bastante completa –, preciso que meu superego relaxe apenas o suficiente para que a *maior parte* da vida seja leve, suave e fascinante em si e por si só. Sempre que meu parasita desaparece, posso encontrar meu eu bobo e curioso que aproveita tudo ao meu redor sem precisar de nada. Como diz a canção, "Tenho muito de nada/E nada é muito para mim". Quando isso é verdade, cada dia pode ser repleto de descobertas memoráveis, livres do meu crítico interno, verdadeira e amorosamente presentes para ser vividas.

GUIA PARA
LEITURA EM GRUPO

A ARTE DE VIVER DIAS MELHORES

Uma Jornada Interior de Autoconhecimento e Crescimento Pessoal por Meio do Controle do seu Crítico Interior

CONVERSA COM **NEAL ALLEN**

Por que eu não sabia que meu crítico interno não era eu?

Não é estranho? Ninguém me disse que era uma visita, um parasita, uma falsa mãe me importunando. Como todo mundo, pensei que estava falando comigo mesmo. Só me ocorreu que ele não era eu certo dia em que, no consultório de um terapeuta, ele apareceu como um diabinho no meu ombro esquerdo. Meu parasita pessoal se esconde bem e, ocultando-se nas sombras – um sussurro subvocal –, consegue disfarçar todo tipo de coisa: que ele é eu, que é mais inteligente que eu, que é mais maduro que eu, que tem as melhores respostas. Nada disso é verdade. Provavelmente é útil para a espécie que todos nós acreditemos que somos crianças más que precisam de castigo (um pseudopai ou pseudomãe carrancudos, nesse caso) para aprender a se comportar bem. Durante milhares de anos, um Deus desconfiado e quase sempre disposto a condenar tomou todas as medidas necessárias para nos rebaixar. Penso que, à medida que o jugo de Deus diminuiu ao longo dos dois últimos séculos com a vida pautando-se pela ciência, a onipresença do superego provavelmente se estabeleceu. Na verdade, porém, a maioria de nós não precisa de uma repreensão simplória para fazer a escolha certa, a coisa certa. Nosso eu adulto sofisticado, inteligente e experiente pode dirigir a própria vida. A propósito, uma maneira de distinguir o verdadeiro você do seu superego é perguntar-se com quem o parasita esteve conversando e repreendendo todo esse tempo.

Por que você escreveu este livro?

Algumas boas pessoas me apresentaram ao meu crítico interno/superego. Menciono duas delas no livro: meu falecido terapeuta Bob Birnbaum e o orientador espiritual conhecido como A. H. Almaas. Separar-me do meu superego produziu todos os efeitos salutares possíveis. Então, quando abandonei a minha carreira empresarial para me dedicar ao *coaching* executivo, comecei naturalmente a direcionar meus clientes para o reconhecimento de seus superegos. Foi um belo experimento para mim; espero que também para eles. Quanto mais eu os observava reconhecendo seu pequeno demônio, mais percebia semelhanças incríveis entre o superego de uma pessoa e o de outra. Essas respostas comuns a perguntas idênticas possibilitaram-me acreditar que eu estava adquirindo um conhecimento bastante preciso e uma prática bastante sólida de como identificar e aquietar o superego para dividir esse aprendizado com um público mais amplo, passando-o para o papel. De certa forma, este livro é apenas uma coleção de documentos do que observei em mais de cem clientes atendidos individualmente, vários seminários e dezenas de diálogos mais casuais. (Em jantares, minha esposa às vezes me faz chamar o superego de um convidado como uma espécie de truque de mágica divertido.)

Além disso, acredito que quase toda atividade em prol da liberdade, da iluminação ou do paraíso na terra é *destrutiva* – no sentido de que desmonta as barreiras que impedem a visão da beleza que nos rodeia. Deslocar o superego para a margem é o principal artifício para derrubar barreiras e desmontar defesas. Afinal, é o superego que preserva e convoca as nossas defesas contra ameaças imaginárias. Quando meu superego se afastou, a luz entrou. Assim aconteceu comigo, e isso é tudo o que realmente sei. Alguns dos meus clientes dizem que acontece a mesma coisa com eles, então continuo fazendo meu trabalho.

Sua esposa, Anne Lamott, escreve sobre sua fé cristã. Você também é cristão?

Annie gosta de dizer que, em termos religiosos, ela não tem ideia do que eu sou. Eu também não faço muita ideia, não. Fui criado numa igreja congregacional que se dedicava inteiramente à ação social, de modo especial ao que era então o Movimento dos Direitos Civis, e sem nenhum componente de fogo e enxofre. Durante as primeiras quatro décadas da minha vida adulta, fui normalmente ateu. Mesmo assim, às vezes eu dava aulas na escola dominical e descobri que Gênesis, Jó e as parábolas de Jesus continham belas metáforas para viver bem em meio às esquisitices da civilização. Eu estava na casa dos cinquenta anos quando desenvolvi interesses espirituais, e vasculhei obras hindus, sufis, budistas e outros textos esotéricos antes de retornar aos Evangelhos, que voltei a considerar envolventes e instigantes. O que acredito? Que Jesus, Buda e alguns outros desenvolveram métodos para enfrentar nossos medos, apegos e complexos quotidianos e assim chegar a um campo aberto de amor e verdade. Eu diria que, alguns dias, Annie e eu também nos encontramos nesse campo. Mas você terá de perguntar a ela.

A voz do superego é sempre de gênero e baseada em figuras parentais como "mãe" e "pai"?

Um tropo cultural profundamente arraigado está presente aqui. Não sou a favor dele; estou apenas relatando o fato. Na maioria das culturas modernas, a figura materna é a voz que diz à criança que ela está bem internamente; a figura paterna é a voz que diz à criança que ela está bem externamente. A maioria dos meus clientes, de qualquer gênero, identidade sexual ou educação, tem uma estratégia-padrão diferente para adultos que se identificam como mulheres e para adultos que se apresentam como homens. Não é tão importante assim, porém. No fim, em qualquer dado momento, um superego apenas usa tropos para desmerecer seu hospedeiro. Estereótipos de gênero são o menor dos danos. Não obstante, como a maioria das pessoas, homens e mulheres, ouve a voz de uma mulher intimidadora, o superego é sempre um ponto de partida para estudar a misoginia em nossa cultura.

Às vezes, quando me olho no espelho, ouço uma voz dizendo que sou feio. Esse é meu superego ou é outra coisa?

Esse é o seu parasita, sem dúvida. Ele sempre quer que você comece decepcionando-se. O desapontamento pressiona você a entrar na membrana social comum de trabalhar para melhorar as coisas. Se você estiver bem consigo mesmo, poderá decidir por si o que fazer a seguir. Provavelmente, estar satisfeito é tudo o que existe para uma felicidade sustentável, e o seu parasita não quer que você saiba disso. Então, o que você vai ganhar melhorando sua aparência? Ganhando mais dinheiro do que precisa? Entornando aquela terceira cerveja? Estranhamente, hoje estou convencido de que nenhuma novidade ou estímulo pode superar a percepção do meu contentamento e da impossibilidade de não encontrar maior satisfação do que a resultante de uma barriga cheia.

Como você escolheu seu título, *A Arte de Viver Dias Melhores*?

A música tem um grande significado para mim. Antigamente, um cara chamado Paul Butterfield surgiu no cenário musical de Chicago com uma banda de blues fantástica que manteve no Nordeste por vários anos. (Foi essa banda que acompanhou Bob Dylan quando ele usou pela primeira vez a guitarra elétrica no Newport Folk Festival.) O gênero musical blues trata principalmente dos nossos problemas sociais, dos nossos conflitos emocionais, temas esses que nos fazem baixar e balançar a cabeça com um longo e triste "isso de novo, não". Pouco tempo depois, Butterfield substituiu seus músicos por um novo conjunto e um novo som, que ainda continha blues, mas em combinação com o que na época se chamava "jug band music, um som mais leve, limpo, dançante e otimista. ["Banda do jarro", pois esse e outros utensílios domésticos do dia a dia eram usados para produzir arranjos e melodias.] Ele deu a essa banda o nome de *Better Days*. Pensando no livro que eu estava escrevendo, tive a impressão de algo como um movimento, uma "*vibe*" que eu poderia oferecer. A propósito, *A Arte de Viver Dias Melhores* não constitui nenhuma promessa de que você ficará totalmente livre do superego. A ideia é manter o seu superego distante, reduzindo o número de vezes por dia que ele influencia suas escolhas.

A maioria de nós vive sob o peso do superego há décadas. Ele se insinuou em todos os cantos da nossa vida. Então, ele tem uma grande vantagem, por mais que queiramos que os seus hábitos desapareçam. Mas meus clientes mais diligentes, aqueles que trabalham ativamente com ele durante alguns minutos por dia, tendem a conseguir certa liberdade em poucos meses; os que são disciplinados para enfrentá-lo durante uma hora semanal podem ter uma vida mais sossegada num ano ou dois. Há três maneiras de entender o objetivo deste trabalho: é um caminho para menos ansiedade. É um caminho para mais liberdade. É um caminho para a iluminação. Eu diria que é um caminho muito bom para a iluminação, um caminho excelente para mais liberdade e um caminho bastante seguro para menos ansiedade. Depois de seis meses de dedicação intensa ao meu diabinho, meu nível de ansiedade reduziu-se a uma fração do que sempre fora. Depois de dois anos, parei de acreditar na minha história. Depois de quatro ou cinco anos, consegui uma presença consistentemente disponível. Já constatei cifras assim em alguns dos meus clientes. Como na academia, tudo consiste em repetir.

CONHEÇA O SEU SUPEREGO

Peça aos participantes que formem pares; cada par trabalha sozinho. Para iniciar, devem resolver entre si qual o primeiro a perguntar. Na primeira rodada, A faz as perguntas a B. Terminada a série de perguntas, os papéis se invertem, com B fazendo as mesmas perguntas a A.

- **Onde está localizado o seu crítico interno em sua geografia física?**
- **Traga-o de lá e coloque-o à distância de um braço adiante dos olhos.**
- **Com que ele se parece?**
- **Qual é sua expressão?**
- **Pergunte a ele: "Quando você assumiu o controle?".**
- **Pergunte a ele: "Quem o pôs no controle?".**
- **Pergunte a ele: "Por que você ainda está no controle?".**

- **Pergunte a ele: "Quero assumir o controle por um tempo. Tudo bem?".**
- **Pergunte a ele: "Você está preocupado que alguma coisa aconteça comigo se eu assumir o controle?".**
- **Pergunte a ele: "Você está preocupado que alguma coisa aconteça com você se eu assumir o controle?".**
- **Pergunte a ele: "Sei que isso será difícil para você, mas quero assumir o controle por um tempo. Está bem? Preciso de uma afirmação decisiva".**
- **Diga a ele: "Ótimo. Agradeço-lhe todas as vezes que salvou a minha vida quando eu era criança".**
- **Leve o seu superego de volta ao lugar onde ele normalmente fica.**

Observação: Muitas pessoas terão muita dificuldade de encontrar o seu superego na primeira vez. Não se preocupe; está bem assim. Se ele não aparecer em duas ou três tentativas, basta fazer o exercício com o braço estendido como se o tivesse encontrado. Mesmo assim, ele responderá às suas perguntas, o que é o mais importante.

PERGUNTAS INICIAIS PARA O ESTUDO DO LIVRO EM GRUPO

- Qual é o grau de rejeição do superego ao risco? Quanto ele é conservador? Suas advertências relacionadas à situação das condições do momento são apropriadas?
- Se você não estivesse preocupado com a possibilidade de sua consciência puni-lo, você faria as mesmas escolhas?
- Você conhece alguém que parece agir sem assumir uma posição defensiva? Como é essa pessoa? Como seria sentir-se seguro em sua capacidade de fazer boas escolhas?
- Qual é a relação entre controlar o superego e ter paz, Deus ou a liberdade?
- O que o autor quer dizer quando afirma que você não deve se sentir culpado por estar satisfeito e contente? Como essa afirmação se harmoniza com os conceitos de privilégio e injustiça?

O que é o "*id*" a que você se refere?

É um termo que os tradutores ingleses de Freud criaram. Ele abrange os dois *instintos* biológicos que influenciam o nosso comportamento social, o impulso à sobrevivência e a libido. O *id* tem seu próprio espaço de atuação; por exemplo, ele pode se revelar predador, estimulado pela adrenalina ou obstinado na busca do prazer. Sua energia tende a ser imediata e urgente. Suas defesas são a famosa luta, fuga ou congelamento. Em contraposição, o superego não é instintivo, seus impulsos são regulados pelas normas culturais por ser um construto mental, ele precisa simular imediatismo e urgência, e dispõe de posturas defensivas próprias: retraimento, raiva e superioridade.

O superego pode ter mais de uma voz? Pode passar de uma voz a outra dependendo da situação? Por exemplo, quando trabalho, posso ouvir a voz do meu chefe na minha cabeça? Quando dobro a roupa lavada, posso ouvir a voz da minha mãe?

Sim, sim, o superego pode se transformar. Para muitas pessoas, ele pode alternar entre um valentão petulante e uma vítima protestando inocência: "Oh, eu estava apenas tentando ajudar". Na realidade, algumas pessoas têm um comitê de três ou quatro criaturas diferentes que se apresentam em situações diferentes. Mas meu palpite é de que, atrás dessas personas, esconde-se um superego mestre. A propósito, "Mestre" aqui não significa inteligente. Todos eles são muito idiotas. Valentões nem sempre precisam estar certos.

Você menciona que o superego já se desenvolveu e começa a agir em torno dos sete anos de idade. Os anos da adolescência exercem alguma influência sobre o desenvolvimento do superego? Tudo indica que nessa fase os jovens são mais suscetíveis a impressões.

Para a maioria das pessoas (as exceções tendem a ser pessoas que têm experiências de quase-morte na adolescência ou mais tarde), as lições aprendidas até os sete anos não são atualizadas, apenas redirecionadas.

Existem mais de três defesas? Uma pessoa pode ter uma combinação das três? Que perguntas posso fazer a mim mesmo para descobrir a minha defesa predominante?

Com relação ao instinto, as defesas são luta, fuga e congelamento. No que diz respeito ao aspecto social, também são três: retraimento, raiva e superioridade. Todos nós temos as três. Em geral, adotamos consistentemente uma delas. Você é do tipo que se retrai quando confrontado? Ou do tipo que se irrita? Ou do tipo que age como um sabe-tudo? O mais importante é observar-se e descobrir a defesa que você mais usa. Ela é mecânica e recorrente, o que facilita percebê-la.

A autossabotagem é uma forma de defesa? Qual é a relação da autossabotagem com o superego?

Normalmente a autossabotagem é a defesa do tipo sabe-tudo. A sabotagem é uma resposta à necessidade de ser visto como certo. Quando o projeto ou o objetivo entra no foco, o medo é de não ter sucesso e então você foge imediatamente. Em geral, o problema é que, como um sabe-tudo, você define um objetivo idealizado, não realista. Você está determinado a ser mais esperto do que uma pessoa comum, mas, quando começa a aparecer a verdade de que você não é nada além de mais uma pessoa comum, você prefere não ver seu fracasso iminente. Mas, se conseguir alcançar a idealização inicial, você poderá traçar metas realistas possíveis de alcançar.

Afirmações positivas ajudariam a controlar meu superego?

Eu mesmo não faço nenhum trabalho com afirmações. Meus exercícios partem do pressuposto de que destruir as barreiras à luz é o caminho certo a seguir. Embora eu ilumine os problemas para escancarar seus exageros, trata-se de um tipo de luz diferente da clareza que se manifesta quando o problema deixa de existir.

Isso parece darwinismo social, solipsismo ou egoísmo à Ayn Rand. Como combater a pobreza, as mudanças climáticas ou qualquer outro mal social sem um superego?

Uma distinção notável presente na maioria das tradições espirituais é que o *determinismo* - a ideia de que não estou no controle das coisas - não leva de fato ao *fatalismo* - a ideia de que não devo me preocupar. Acontece que, quando você está em paz consigo mesmo e não precisa fazer alarde, é mais provável que você se envolva ativamente com a bondade e a generosidade em sua vida diária. Os atributos inatos de bondade, generosidade, amor e empatia são menos protegidos e se manifestam com mais facilidade. Você saber que, com relação às outras pessoas, você é mais igual do que diferente delas, o encaminha naturalmente a uma compaixão estendida e ao interesse pelo conforto do próximo. Você é menos *responsável* pelo conforto dos outros e mais *interessado* por ele. E esse interesse permanente no amor pelos outros pode evoluir para inúmeras ações diferentes: cuidado pessoal pelas pessoas, ativismo político, contribuições caridosas ou alguma forma de bem-estar. O que é mais divertido do que participar do amor? E que tipo de amor é mais humano do que a compaixão?

Como as mídias sociais e a cultura da comparação alimentam nosso superego? Visto que é difícil evitar as redes sociais, o que podemos fazer para nos prevenir?

Você se pergunta se *precisa* de mais um amigo? O que você ganha com outra pessoa gostando de você? O que há de errado com algumas pessoas não gostarem de você? Não é mais fácil viver sem maquiagem? O superego cuida de qualquer sentimento de insuficiência. Assim como a publicidade, as mídias sociais multiplicam as nossas inseguranças. O trabalho é sempre o mesmo: investigar suas crenças no seu próprio sofrimento. Se as redes sociais podem então se transformar – pelo menos para você – numa forma benigna de manter-se em contato com pessoas e ideias, é uma questão em aberto.

O nosso superego é responsável por criar expectativas e insuflá-las nas outras pessoas? Ou ele as incute apenas em nós?

O superego está atento a todas as nossas hierarquias. Como seres essencialmente empáticos, não precisamos de hierarquias. Mas o superego não nos deixa ter essa experiência. *Todos* os meus julgamentos sociais, os bons e os não tão bons, são supervisionados pelo meu superego. Quando chamo uma pessoa de "esperta", eu a estou tratando como um objeto. Pode ser inofensivo, mas não é importante para quem a pessoa é. O importante para quem ela é pode ser a bondade, a disponibilidade, a força interior, atributos os mais variados que, embora abstratos, também se aplicam praticamente a todos nós.

O superego sempre se insinua no início dos eventos, no desenrolar de um estado de sonho, ou pode também aparecer como uma sensação de medo ou autocensura após o acontecimento ou no momento em que essa sensação é manifestada?

O superego exerce a maior parte do seu poder no início dos pensamentos ou projetos, limitando a nossa visão. Mas, se você se envolver numa ruminação pós-evento ("Ah, por que fui dizer isso para essa pessoa?"), isso também é o superego. O superego arquiteta tudo o que possa parecer conflito emocional, seja com você mesmo, seja com outras pessoas.

O superego sempre adapta sua ética internalizada às regras da sociedade em que está inserido e às normas de gênero? Quando mudamos as regras da sociedade, as alterações liberam o superego em termos tanto individuais como coletivos?

Você está supondo que podemos mudar as regras da sociedade para que sejam menos severas ou de alguma forma melhores. As regras da sociedade são simplesmente a tentativa da espécie de reforçar o nosso eu mais biológico. Ser produtivo não é diferente de ajudar os outros; sistemas éticos promovem a ajuda aos seus semelhantes. Mas você não pode ter justiça e empatia ao mesmo tempo. Esses são mundos diferentes. A justiça enfatiza hierarquias de certo/errado, bom/mau. A empatia enfatiza nossa convivência voltada para o bem. Jesus foi explícito a esse respeito: Dai a César o que é de César (o mundo da justiça) e a Deus o que é de Deus (o mundo da graça).

Abandonamos naturalmente nosso superego à medida que envelhecemos?

Quando somos jovens, encontramos vários perigos, um a um. Em sua grande maioria são perigos sociais, e o superego tende a exagerá-los. À medida que enfrentamos um problema após o outro, instala-se certo grau de realidade. Como sobrevivi a algumas catástrofes envolvendo roupas, talvez eu não me preocupe mais tanto com as minhas. Embora em alguns aspectos as pessoas se tornem mais rígidas à medida que envelhecem, em muitos outros elas se tornam mais *laissez-faire*. Ser *laissez-faire* pode ser um antídoto eficaz para as travessuras do superego.

"Siga seu nariz" significa que devemos abrir mão de listas de tarefas e realizações? E o fato de não atribuir valor a nada não é uma forma de induzir o superego a evitar uma atitude de autojulgamento?

Acredite em mim, seu nariz o levará ao que outras pessoas chamam de realizações. Estamos numa teia de circunstâncias fora do nosso controle que nos traz ao momento presente. A teia inclui as demandas de produtividade da espécie. É muito difícil não ser produtivo na nossa civilização atual. O principal aspecto que muda quando o superego recua é o inesperado; a distinção entre trabalho e lazer se confunde. O que quer que apareça é apenas o próximo quebra-cabeça, o próximo detalhe, a próxima jornada, o próximo momento. Na maioria dos dias, faço muitas coisas que outros chamariam de produtivas. Para mim, são apenas a próxima coisa que aparece. Isso funciona porque, em primeiro lugar, nunca estivemos tanto no controle das coisas como hoje.

O modo como valorizamos o tempo também é reflexo da nossa programação infantil? Por exemplo, você diz que valoriza o tempo aplicado cuidando da saúde e do bem-estar dos seus filhos, enquanto eu poderia valorizar o tempo trabalhando em prol de um objetivo profissional.

A valorização do tempo é uma condição difícil. Ela pressupõe que o tempo é um recurso que precisa ser preenchido e que, tal como um repositório de dinheiro, seu conteúdo pode ser consumido, acumulado, usado com sabedoria ou imprudência, ou ocupado com preocupações com a pobreza ou infortúnios iminentes. Mas o tempo não é um recurso; é um conceito abstrato que usamos para medir a passagem dos acontecimentos. Os relógios são bastante úteis na entrega de pacotes. Por que eu valorizaria uma circunstância da minha vida em detrimento de outra? Se a presença proporciona satisfação instantânea e constante, não há necessidade de sistemas de valores hierárquicos. Com a barriga cheia, qualquer outra coisa que eu faça é secundária. É claro que tenho responsabilidades – o fardo de manter as complexas circunstâncias da civilização. Porém, em torno das 11 horas, provavelmente já terei feito minha parte. O restante do meu tempo não é ocupado com preocupações com a civilização. *Mesmo que as minhas atividades pareçam produtivas para os outros, não tenho nenhuma necessidade de criar uma noção abstrata de valor extra para aprazer-me com meu eu satisfeito.*

Há situações em que o superego é útil na vida adulta? Por exemplo, se estou abusando de substâncias, o sentimento de insatisfação e de vergonha me presta um desserviço em termos de continuidade desse hábito ou ajuda no processo de recuperação para acalmar essas vozes? Ou o superego, nesse caso, está de fato tentando "salvar minha vida"?

Todos querem que o superego seja um cara legal, mas ele não é. Como adulto, você não precisa da voz de um pai ausente repreendendo-o para que tome suas decisões. Não posso prometer que você tomará decisões melhores sem um superego, mas seguramente ficará satisfeito com mais frequência, o que tende a estimular formas de adaptação.

Você diz que a impulsão primordial do superego do ser humano é para a produtividade. Isso é verdade para todos ou pode mudar à medida que os valores culturais mudam?

O superego se torna um fantasma amigável? De fato, não. Ele simplesmente não é inteligente o bastante para acrescentar muito à compreensão sofisticada do mundo que quase todos temos aos dezessete anos. Por que eu daria ouvidos a uma criança de sete anos? Ela pode ser amigável, claro, mas não viveu o suficiente para tomar decisões adultas. Não estou arrazoando contra a mente de um iniciante. Isso é diferente.

A ideia de ser produtivo é uma motivação relacionada à idade? Nem todo mundo extrai valor do trabalho, especialmente quando somos jovens ou adolescentes... meu filho adolescente não parece ter muita motivação para ser produtivo, nem mesmo para guardar sua roupa. Esse estímulo acontece mais adiante na vida?

Sete horas por dia de escola e lição de casa não são produtividade suficiente? Além disso, há hormônios em ação. A espécie acaba alcançando quase todos nós; uma semana de trabalho de quarenta horas já está à sua espera.

A atual geração está menos interessada em produtividade e mais em valores elevados?

Ah, os jovens de hoje! O que exatamente são valores elevados? Então, eles trocaram uma semana de trabalho yuppie de cinquenta horas por uma carreira ambientalmente consciente. Se a espécie precisa que trabalhem cinquenta horas por semana, eles terão de trabalhar. Se a espécie só precisa de dez horas semanais, ótimo! Se a espécie precisa de trabalhadores com consciência ambiental, ótimo! O que ninguém percebe é que todos já são bastante produtivos. O que o superego faz é tentar nos convencer de *que não somos produtivos o suficiente* e *que tudo está indo de mal a pior*. A escala do que é produtivo muda, mas é sempre mais do que o necessário. A geração dos *baby boomers* precisou trabalhar duas vezes mais porque a população crescia mais rápido do que as instituições necessárias para mantê-la. Deveríamos sentir-nos bem por nossos filhos e netos serem capazes de abrandar os padrões. Mas nossos filhos estão sobrecarregados com seus próprios descontentamentos. O superego é o mesmo, tanto se na minha geração ele dizia para trabalhar mais horas, quanto se na geração atual ele diz para resolver os problemas do mundo.

A síndrome do impostor é uma forma de superego? Por que sempre sinto que não correspondo ao que se espera de mim?

A síndrome do impostor é fascinante. Embora o superego tire vantagem dele, ele é também uma amostra da realidade.

O que é pensar que os outros sabem mais do que você e que você está dissimulando? É a mesma coisa que investigar sua personalidade. O que está atrás da personalidade? Nada. É uma estrutura gigantesca que você mantém, reforça e expande diariamente, tentando apresentar ao mundo o seu eu mais falso. A síndrome do impostor reconhece que você é principalmente reativo, inventando à medida que avança e tentando apresentar uma fachada perfeita. Depois de sofrer a síndrome do impostor por um tempo, a maioria das pessoas começa a perceber que todos também estão fingindo, e que, por trás de tudo, preferimos ser nosso eu abobado a ser essa figura séria, adulta e trabalhadora que labuta para seu patrão. Muitas pessoas experimentam a síndrome do impostor na faixa dos quarenta anos e a veem diminuir na década dos cinquenta. À medida que ela diminui, a ilusão de que existem especialistas em questões de vida também desaparece.

Parece que formamos o superego na infância. Há alguma coisa que eu possa fazer como pai para impedir que meu filho forme essas vozes negativas em sua cabeça?

Nada a fazer! Saiba que, por mais atencioso que você seja como pai, a probabilidade é de um zilhão para uma de que seu filho tenha um superego do mesmo tamanho de quase todo mundo, e esse superego vai torturá-lo do mesmo modo. Sim, estou oferecendo aos pais uma forma de evitar que passem por muitos dissabores. Um pai bom ou uma mãe boa é tudo o que alguém pode ser. Aqui está o problema com a tentativa de evitar o desenvolvimento e o domínio do superego: Você pode dizer a uma criança que é desnecessário ter sentimentos feridos? Sim, mas isso não vai dar resultado nenhum. Não fará sentido para a criança e não impedirá que ela chore na próxima vez que um prevalecido a chamar de algum nome. Essa é a dificuldade de aprender o básico. É complicado crescer numa civilização em que a desconfiança é a norma. Mas isso não é grande coisa no final. O superego é prejudicial principalmente para os adultos, pois eles não conseguem amadurecer sob sua supervisão. Apenas lembre-se de dar ao seu filho um diploma de superego quando ele concluir o Ensino Médio. Diga-lhe: aquela voz na sua cabeça? Você não precisa mais dela. E sugira que ele pode assumir parte desse trabalho.

Com frequência antecipo o que as pessoas vão pensar de mim e das minhas ações em quase todos os cenários. Esse é o meu superego em ação? Eu realmente gostaria que ele ficasse quieto.

Sempre que você se projeta no futuro para proteger suas emoções, você ouve a lengalenga do superego. Uma atitude comum que notei nas pessoas que fazem esse trabalho é que elas não se incomodam em ser ofendidas nem se preocupam muito em ofender. É provável que sejam menos ofensivas, pois não defendem um eu pronunciado, e é difícil ofender-se quando se é uma pessoa com mente aberta.

Se fui negligenciado quando criança ou tive de crescer mais rápido do que o normal, essas circunstâncias afetam a formação do superego?

Não muito, pelo que tenho visto. Se você apanhou muito, porém, a história é outra. A negligência infantil em geral não ultrapassa os limites da sobrevivência. Crescer mais rápido do que o normal pode levá-lo à postura narcisista de precisar ser engenhoso e à terrível consequência de acreditar que é superior aos outros. Todavia, se você não teve esse sistema defensivo, teria um dos outros dois, retraimento ou raiva, de modo que acaba ficando uma pela outra.

Na sociedade atual, sobretudo com as redes sociais, a influência da sociedade constrói a voz do superego tanto (se não mais) do que os pais e cuidadores? Tudo indica que as redes sociais têm mais influência sobre algumas crianças do que a família.

O superego não é uma máquina sofisticada. Ele aprendeu algumas lições que repete indefinidamente. Ele toma algum fato da vida de uma pessoa e o alimenta com essas lições. A vida consiste então em combinar os contos de fadas primitivos do superego com a realidade. As redes sociais apresentam o mesmo tipo de histórias fantasiosas contadas pelos pais, pelos chefes, pelos líderes religiosos e pelos políticos. Num dos lados dessas narrativas, está o pressuposto de que você controla a sua vida e de que o trabalho árduo será recompensado. No outro lado, está o sistema de recompensas de um padrão melhor de vida para você mesmo e para as outras pessoas.

O superego é a causa da procrastinação? Como posso vencer o hábito de procrastinar?

Você não procrastina, está apenas fazendo as coisas numa ordem diferente. Você faz quase tudo e não relaxa. Quase todo mundo pensa que está procrastinando. Com o tempo, o afastamento do superego também reduz a quantidade de capital emocional que, não fosse assim, se acumularia com a aproximação de tarefas desagradáveis. De algum modo, as tarefas não parecem tão impactantes e a possibilidade de fracasso é menor.

As mensagens do superego são sempre negativas e prejudiciais? De onde vêm as mensagens positivas que digo a mim mesmo? Esse também é meu superego ou trata-se de algo diferente?

A maioria dos seus pensamentos não é o superego. Se você se dedicar à prática da meditação de atenção plena, perceberá que a maioria dos pensamentos são fragmentos, em seguida nomes simples de objetos e por fim, ocupando um terceiro lugar distante, surgem frases completas. O superego se expressa com frases completas. Mas aqui, de novo, ele não ocupa necessariamente a maior parte do espaço da sua mente. Você tem pensamentos práticos que o ajudam a lavar a louça, ler um livro, responder a e-mails e trocar ideias com os amigos. Não há nada de errado com sua mente; ela é incessantemente curiosa, colhendo informações sobre objetos próximos a você, na esperança de formar um quebra-cabeça que você possa resolver. A mente é uma entidade lúdica. Os pensamentos do superego se manifestam como preocupação – questionando como você será percebido, lembrando-lhe pela trigésima vez hoje o que está em sua lista de afazeres, ensaiando um diálogo imaginário com um amigo ou um pretenso inimigo, e ainda pensamentos que lhe dirigem xingamentos ou insinuam que você não é bom o suficiente. Embora representem de fato uma pequena fração dos nossos pensamentos, as posturas do superego são particularmente vívidas, geralmente concretas, e tendem a nos entregar à decepção antes de termos tempo de perceber nossa satisfação com a vida.

Nosso superego pode ser tão barulhento a ponto de nos fazer depositar nos outros as expectativas que temos sobre nós mesmos?

O superego governa nossas projeções? Sem dúvida. O superego classifica as pessoas em hierarquias e encontra uma maneira de exagerar os perigos que a maioria delas representa para nós. Quando você olha para uma pessoa que considera um inimigo prestes a atacar, digamos, você a vê com tanta fúria que tudo no rosto dela parece falso.

A patologia dos narcisistas perniciosos é importante nesse contexto. Em geral, eles expõem as dúvidas que têm sobre si mesmos acusando os outros do mau comportamento que atribuem a si mesmos.

É a adaptação natural do ser humano às regras e aos construtos da sociedade que acabará causando o desaparecimento da humanidade? A produtividade está tão arraigada que queimamos combustíveis fósseis como se não houvesse amanhã.

Sejamos justos: a espécie humana tem sido fantasticamente bem-sucedida. Há muito mais seres humanos na Terra do que deveria haver. Não contando os animais domesticados (gado, cães, gatos etc.), o seguinte animal pesado mais populoso talvez seja o canguru, com cerca de quinze milhões de indivíduos. Apenas alimentar, vestir e abrigar oito bilhões de seres humanos é um feito extraordinário; a espécie ficaria orgulhosa se tivesse cérebro. Mas o mundo da biologia darwiniana em que vivemos é mecânico e previsível. Todas as espécies aparecem e desaparecem; a mesma coisa acontecerá com os seres humanos. Em geral, uma espécie desaparece em consequência de um colapso populacional intenso. Quem sabe? A espécie humana teve sucesso por meio de adaptações que foram produzidas mentalmente (antibióticos, estoque de alimentos, rotas marítimas, esse tipo de coisas), mas, em última análise, está sempre servindo os mestres ocultos do crescimento populacional e do preenchimento de nichos. Esses mestres são idiotas e mecânicos, propensos a consequências indesejadas, como o aquecimento global, e ainda assim continuam sendo a base de todos os nossos códigos de ética e moral. Mas, da sua posição de um em oito bilhões, pergunte-se: Você prefere se preocupar constantemente com a espécie ou reservar um grande espaço para proveito da existência? Você ainda será totalmente produtivo. Você não consegue evitar. Você faz parte da espécie. Isso *não* é promover o darwinismo social; pessoalmente, voto em políticos generosos e justos que se interessam com sinceridade pelo bem-estar das pessoas. Apenas voto com leveza de ser, do mesmo modo que observo o horizonte ao entardecer.

O abuso infantil ou a doença mental afetam o porte e o poder do nosso superego ou dificultam ainda mais confrontá-lo e controlá-lo?

Observei que pessoas que foram severamente agredidas na infância, a ponto de se verem à beira da morte, demoram muito mais para se libertar do superego. Por suposição, pessoas cuja sobrevivência foi de fato posta à prova também podem ter mais dificuldades com esse trabalho. Por outro lado, não observei nenhuma relação entre a quantidade de abuso emocional sofrido por uma criança e o porte ou acessibilidade do seu superego. Não atuo com esquizofrênicos, cujos superegos podem se transformar em vozes retumbantes que comandam o comportamento. Como fazem com todo trabalho que requer autorreflexão, os narcisistas perniciosos (pessoas com diagnóstico de transtorno de personalidade narcisista total) apresentam grande dificuldade com esse trabalho.

Existe relação entre um superego descontrolado e dores no corpo causadas por inflamação ou por um sistema nervoso hiperativo?

Talvez. Gosto de ressaltar que existe uma diferença quantitativa e qualitativa entre o que chamo de dor causada por um ferimento a faca e dor de um sentimento ferido. Meu trabalho não exige nenhuma crença em torno de emoções que se traduzem em atividades celulares, então não exploro essa área.

Um superego não controlado pode nos colocar em situações de constante luta ou fuga?

Os conflitos do superego não são suscetíveis ao sistema autônomo de luta ou fuga. Em circunstâncias sociais, não estamos sujeitos a lutar ou fugir. Podemos querer evitar as circunstâncias, então nos afastamos delas (não fugindo, mas por birra), ou tentamos controlá-las com raiva (normalmente não brigando, mas gritando), ou ainda tentamos ostentar inteligência (por meio de ideias melhores ou críticas sarcásticas).

Nunca me dei conta de uma voz interna diferente. Posso fazer alguma coisa para ter uma maior percepção dela?

Ah, seu superego é muito inteligente! (Suponho que você sinta sua vida carente ou de alguma forma decepcionante.) Ele esconde bem. Em primeiro lugar, provavelmente você ainda consegue tirá-lo da cabeça, colocá-lo à sua frente e conversar com ele. Quanto mais você agir *como* se ele estivesse diante de você, mais dificuldades ele terá para se esconder. Como saber se ele está aí? Simples. Se você estiver em conflito consigo mesmo ou com outra pessoa, ele está aí. Ponto. Então, se você perceber que começa a se irritar, aponte para o ar (em sua imaginação, se estiver em público!) e diga para si mesmo: "Esse é você, superego, não eu". Com o tempo, você ouvirá com mais facilidade.

Este trabalho só é proveitoso quando se está sofrendo?

Em sua maioria, as pessoas que conheço que encontraram um caminho espiritual dizem que ele lhes apareceu em consequência de uma grande dor de cabeça, fracasso, choque emocional ou decepção generalizada em sua vida. Com cinquenta e poucos anos, eu estava bem. Minha carreira estava a todo vapor, eu estava saindo de um casamento difícil, meus quatro filhos eram saudáveis e eu havia acumulado muitas experiências interessantes em minha vida. Eu me considerava tão inseguro quanto uma pessoa comum, satisfeito na mesma medida e provavelmente um pouco mais alegre. Meu terapeuta Bob Birnbaum, que contratei para otimizar minha vida após o divórcio, disse-me entusiasmado certo dia que eu deveria ler uma passagem de um novo livro. Era sobre sofrimento. Parecia bastante interessante. Então, sentei-me onde estava, numa livraria no centro de São Francisco, faltei ao trabalho à tarde e li o livro inteiro num fôlego só. Segundo o texto, qualquer coisa que eu fizesse poderia levar ao sofrimento e provavelmente me faria sofrer. Fiquei surpreso. Eu não sabia disso conscientemente, mas minha vida era um sofrimento constante, no sentido budista. O livro era *A New Earth* ["Uma Nova Terra"], de Eckhart Tolle (Vancouver: Namaste Publishing, 1997). Agora eu estava com um grande problema nas mãos – meu próprio sofrimento! – e passei a década seguinte lidando com ele.

Há outros livros úteis neste trabalho?

Byron Katie tem um método brilhante para lidar com o superego em tempo real. Tente seu seminal *Loving What Is: Four Questions That Can Change Your Life* (Nova York: Harmony, 2003, revisado em 2021). *Uma Nova Terra*, de Eckhart Tolle, claro. Já não diferencio muito o trabalho com o crítico interno daquele que envolve a espiritualidade geral; dessa forma, este livro pode ser ampliado com obras tradicionais como o *Tao-Te King*, o *Bhagavad Gita*, a poesia de Rumi e de T. S. Eliot, bem como a série Diamond Heart, de A. H. Almaas.

AGRADECIMENTOS

Sou muito agradecido aos meus clientes por acreditarem que não sou um sádico eventual ao torturá-los semana após semana, forçando-os ao sofrimento para que este talvez possa deixá-los em paz. É frequente que nossas sessões sejam preenchidas com manifestações de um amor puro, e isso é bom. Nenhum dos meus clientes é um rato de laboratório, nem eu, mas, como tudo na vida, este é um experimento em evolução, um experimento que eles e eu empreendemos involuntariamente. Todos os exercícios e ferramentas do livro foram desenvolvidos em conjunto por meus clientes e por mim ao longo dos últimos anos e horas e horas de prática.

Em termos de produção e distribuição do livro, meus mais profundos agradecimentos à minha brilhante agente, Sarah Chalfant, da Agência Wylie, que encontrou a editora perfeita para ele na Namaste Publishing, e à Mary Kellough, que dirige essa casa com o maior cuidado, gentileza e responsabilidade. Para mim, a parte mais difícil de escrever é publicar, e vocês duas a tornam muito mais prazerosa do que deveria ser.

Meg Lundstrom me deu bons conselhos de redação pela primeira vez mais de trinta anos atrás, e continuo recorrendo a ela para aprender mais. Obrigado, Meg, e ao recém-chegado David Allen, por apontar meus pontos cegos, me proteger de mim mesmo e ajudar a expandir o que está bem. Kent Allen me poupou de muito constrangimento. É difícil encontrar bons leitores e tenho sorte de ter vocês três.

E finalmente, como já disse antes, Annie está ao meu lado com sua caneta e seu coração, ambos mais delicados do que tudo que conheço. Se todos tivessem uma Annie, o mundo seria um lugar muito melhor, mais amoroso e muito mais divertido.